PRIMA.BREVIS
ARBEITSHEFT

LÖSUNGEN

C.C.BUCHNER

LEKTION 1

1. RIDERE: lachen – ADESSE: da sein – NAM: denn – SUBITO: plötzlich – SERVUS: Sklave – STARE: stehen – GAUDERE: sich freuen – ET: und.

2. o-Deklination: servus *m*, forum *n* – a-Deklination: turba *f*, curia *f* – 3. Deklination: senator *m*.

3. clamare → clamat | gaudere → gaudet | rogare → rogat | ridere → ridet | adesse → adest | Lösungswort: curia.

5. Zum Beispiel: Familia adest. Die Familie ist da. | Hic senator est. Hier ist der Senator. | Servus venit. Der Sklave kommt.

6. Zum Beispiel: Senator clamat. Der Senator ruft. | Servus properat. Der Sklave eilt. | Marcus ridet. Marcus lacht. | Turba gaudet. Die Menge freut sich.

7. Hic senator stat et gaudet. Hier steht der Senator und freut sich. | Ubi forum est? Wo ist das Forum?

LEKTION 2

1. Singular: curia, Marcus, senator, populus, porta, signum | Plural: servi, fora, turbae, amici, victores, ludi.

3. 1. adsunt 2. properant 3. rident 4. stant 5. clamant | Lösungswort: spina.

4. **a)** Amici surgunt: Die Freunde stehen auf.
b) Equus accedit: Das Pferd kommt herbei.
c) Senatores gaudent: Die Senatoren freuen sich.
d) Equi currunt: Die Pferde laufen. **e)** Victor adest: Der Sieger ist da.

5. **a)** Die Menge schreit. Dann schweigt *sie*. **b)** Die Pferde kommen. Plötzlich stehen *sie*. **c)** Der Freund schweigt. Endlich lacht *er*, denn Aulus kommt hinzu. **d)** Marcus wartet lange. Nun freut *er* sich, denn sein Freund ist da.

6. Pfeife – Stöckelschuhe – Armbanduhr – Sonnenbrille – T-Shirt – Getränkedose – Fernglas – Eiscreme – Bierflaschen – Baseballmütze – Handy – Strohhalm.

LEKTION 3

1. **a)** tacent: sie schweigen **b)** accedunt: sie kommen heran **c)** victores: die Sieger **d)** apud senatores: bei den Senatoren **e)** signa: die Zeichen **f)** equi: Pferde **g)** per fora: über die Marktplätze **h)** ad portas: zu den Toren **i)** dant: sie geben **k)** adsunt: sie sind da.

2. **Zeit:** diu: lange Zeit – hodie: heute – tum: da, damals, darauf, dann – subito: plötzlich – nunc: jetzt, nun – tandem: endlich – denique: schließlich, zuletzt | **Ort:** hic: hier – ibi: dort.

3. **a)** portam, portas **b)** ludum, ludos **c)** victorem, victores **d)** equum, equos **e)** signum, signa **f)** senatorem, senatores **g)** servum, servos **h)** templum, templa.
Zum Beispiel: Amicus templum spectat. Der Freund betrachtet den Tempel. | Senator servos vocat. Der Senator ruft die Sklaven. | Mercator equos vendit. Der Kaufmann verkauft Pferde. | Turba victorem audit. Die Menschenmenge hört den Sieger.

4. Zum Beispiel: in templum, ad victorem, per portam, ante circum, in forum, ad ludum, ad senatores, ...

5. Amicae in tabernam properant: Die Freundinnen eilen in das Geschäft. – Nam amicae apud Rutilium bestias exspectant: Denn bei Rutilius erwarten die Freundinnen die Tiere. – Mercator iam ante tabernam stat, amicas videt et clamat: „Hodie bestiae adsunt!“: Der Händler steht schon vor dem Laden, er sieht die Freundinnen und ruft: „Heute sind die Tiere da!“ – Statim amicae in tabernam currunt: Sofort laufen die Freundinnen in das Geschäft.

6. Wer ist da? Aulus und Gajus kommen zum Circus Maximus. Denn dort sind die Pferde da. Die Freunde betreten den Circus und suchen die Ställe auf. Was ist? Die Tore stehen offen, die Pferde sind nicht mehr da. Plötzlich erhebt sich Geschrei. Die Freunde kommen herbei und schweigen ... Dann aber lachen sie und freuen sich. Denn sie sehen ....

7. **Basilica Iulia:** Ort: Rom, Forum Romanum – Stifter: C. Julius Caesar – Nutzung einst: hauptsächlich Gerichtsort, Markthalle – Nutzung heute: keine – Besonderheiten: mit Marmor ausgekleidet, auf den Treppenstufen tabulae lusoriae (in den Stein eingeritzte Spielfelder für Mühle und Dame).

Basilika in Trier: Ort: Trier, in der Nähe des Doms – Stifter: Kaiser Konstantin – Nutzung einst: Empfangshalle des Kaiserpalastes, Audienzen des Kaisers, Versammlungsort von Politikern – Nutzung heute: Kirche – Besonderheiten: mit Marmor ausgekleidet; Fußboden- und Wandheizung.

LEKTION 4

1. **Akkusativ:** templa, pecuniam, mulieres, aedificium, amicos, clamorem, praemia, uxorem | **Ablativ:** templis, pecunia, mulieribus, aedificio, amicis, clamore, praemiis, uxore.

2. gaud-et: er, sie, es freut sich | su-nt: sie sind | accede-re: hinzukommen | lud-os: Spiele (Akk. Pl.) | hodi-e: heu-te | toll-unt: sie heben auf | surg-it: er, sie, es erhebt sich | tand-em: endlich | mulier-ibus: Ehefrauen (Abl. Pl.) | templ-a: Tempel (Nom. / Akk. Pl.) | port-am: das Tor (Akk. Sg.) | sign-is: Zeichen (Abl. Pl.) | templ-is: Tempel (Abl. Pl.) | mulier-em: die Ehefrau (Akk. Sg.) | port-a: das Tor (Nom./Abl. Sg.) | lud-is: Spiele (Abl. Pl.) | port-is: Tore (Abl. Pl.) | sign-a: Zeichen (Nom./Akk. Pl.)

3. **a)** Donum delectat: Das Geschenk erfreut. **b)** Equus currit: Das Pferd läuft. **c)** Senator surgit: Der Senator erhebt sich. **d)** Adulescentes clamant: Die jungen Männer schreien. **e)** Mulier ridet: Die Frau lacht.

4. **a)** Atia cum Lucio (Lucius cum Atia) per forum contendit: Atia eilt mit Lucius (Lucius eilt mit Atia) über das Forum. **b)** Amici et amicae in circo ludos spectant: Die Freunde und Freundinnen betrachten im Zirkus die Spiele. **c)** Mercatores thermas clamore complent: Die Händler erfüllen die Thermen mit Geschrei.

5. **1.** Apodyterium – **2.** Palaestra – **4.** Frigidarium – **5.** Sudatorium – **6.** Caldarium – **7.** Tepidarium – **8.** Piscina bzw. Natatio

LEKTION 5

1. **a)** intrare **b)** cogitare **c)** delectare **d)** laborare **e)** laudare **f)** portare **g)** spectare **h)** clamare **i)** dare **j)** vocare **k)** dubitare.

2. vocas: du rufst – portate: bringt! – tacetis: ihr schweigt – ama: liebe! – dolent: sie bedauern – ridete: lacht! – sum: ich bin – sto: ich stehe – accede: komm herbei! – laborant: sie arbeiten – gaudemus: wir freuen uns – tolle: nimm weg! – estis: ihr seid – exspectate: wartet! – depono: ich lege ab – cogitate: denkt nach! – relinquis: du verlässt – contendit: er strengt sich an – eme: kaufe! – delectamus: wir erfreuen uns – spectatis: ihr schaut – vendit: er verkauft – narrate: erzählt! – surgit: er steht auf – audi: höre! – curro: ich laufe – video: ich sehe – mitte: schicke! | Lösung: Parate cenam!

3. Vergangenheit: tum | Gegenwart: hodie, nunc, statim | Nicht zuzuordnen sind: semper, numquam.

4. In den Thermen: **a)** Post ludum (Adverbiale) – Lucius (Subjekt) – cum Gaio amico (Adverbiale) – ad thermas (Adverbiale) – contendit (Prädikat): Nach der Schule eilt Lucius mit seinem Freund Gajus zu den Thermen. **b)** Gaius (Subjekt) – cum amicis (Adverbiale) – in thermas (Adverbiale) – properat (Prädikat): Gajus eilt mit seinen Freunden in die Thermen. **c)** Ibi (Adverbiale) – frigidarium (Akk. Obj.) – clamore (Adverbiale) – complent (Prädikat): Dort erfüllen sie das Frigidarium mit Lärm. **d)** Mercator (Subjekt) – amicos (Akk. Obj.) – in thermis (Adverbiale) – videt (Prädikat): Der Kaufmann sieht die Freunde in den Thermen.

5. **a)** ad senatorem **b)** pro pecunia **c)** apud pueros **d)** post basilicam **e)** ante templa **f)** in curiam/curia **g)** cum matre **h)** per fora **i)** de iniuria

6. **a)** Der Sklave nimmt das Geld und legt es in die Kiste. **b)** Der Dieb läuft aus dem Umkleideraum und trägt Kleider. **c)** Der junge Mann legt seine Kleider ab. **d)** Lucius eilt ins Warmbad. **e)** Die Freunde freuen sich.

TESTE DICH SELBST: BIST DU SCHON EIN ECHTER RÖMER?

1. **a)** servus **b)** domina / dominus **c)** ornare **d)** vestis.

2. **a)** richtig **b)** falsch (tacete) **c)** richtig **d)** falsch (emunt) **e)** falsch (i-Konjug.).

3. **a)** dona: Nom. / Akk. Pl. *n* – donis **b)** clamores: Nom./Akk. Pl. *m* – clamoribus **c)** fur: Nom. Sg. *m* – fure **d)** mensam: Akk. Sg. *f* – mensa **e)** pueri: Nom. Pl. *m* – pueris

4. a) equos **b)** dono **c)** bestias **d)** senator **e)** amicus / puer / Lucius.

5. a) Hodie amici per fora currunt. – Präposition mit Akk., Adverb, Verb der kons. Konjugation: Hodie amicus per forum currit. **b)** In foro turba clamat. – Ablativ: In foris turbae clamant. **c)** Puer matrem vocat. – Subjekt im Nom. Sg., Substantiv der 3. Dekl., Akkusativobjekt: Pueri matres vocant. **d)** Mater domina est. – Subjekt im Nom. Sg., Substantiv der 3. Dekl., Prädikatsnomen: Matres dominae sunt. **e)** Audite, amici! – Imperativ, Vokativ: Audi, amice!

6. a) Heute bereitet die Herrin das Essen zu. **b)** Deshalb ruft sie ihre Tochter Aquilia: **c)** „Hilf, Aquilia! **d)** Jetzt müssen wir die Mahlzeit vorbereiten. **e)** Schmücke die Tische und trage Wein ins Speisezimmer!"

7. Servi tabernam petunt. Die Sklaven suchen das Gasthaus auf. | Quid mercator petit? Was verlangt der Kaufmann? | Turba clamorem tollit. Die Menschenmenge erhebt ein Geschrei.

LEKTION 6

1. 1. laboro 2. sumit 3. ostendis 4. mittunt 5. tollis 6. acceditis 7. comples 8. placent 9. emitis 10. clamatis 11. adest 12. dubitamus 13. properat | Lösungssatz: Ludus delectat. Schule macht Spaß.

2. a) Sklavenkleidung **b)** Wortschwall **c)** Kinderspiel.

3. b) „Responde, Bibule!" Sed Bibulus non respondet. **c)** „Exspecta, Bibule!" Sed Bibulus non exspectat. **d)** „Porta vinum, Bibule!" Sed Bibulus vinum non portat. **e)** „Curre, Bibule!" Sed Bibulus non currit.

4. a) Servi ad aedificium properant: Die Sklaven eilen zum Haus. **b)** Publius ante portam aedificii amicos exspectat: Publius wartet vor der Tür des Hauses auf seine Freunde. **c)** Ad templum statua est: Bei dem Tempel befindet sich eine Statue. **d)** Amici apud Publium sunt: Die Freunde sind bei Publius. **e)** Publius cum amicis disputat: Publius diskutiert mit den Freunden. **f)** Atia et Gaius in scamno exspectant: Atia und Gajus warten auf einer Bank.

5. b) Mater in cubiculo remanere non vult. **c)** Pueros laudare nolumus. **d)** Servae mensas ornare volunt. **e)** Vinum in triclinium portare nolo.

6. SKIZZE

EXKURS: Sklaven

Cato: **Haussklaven** (Tätigkeiten: Hausarbeiten; Lebensbedingungen: harte Bestrafung, Leben in Unfrieden).
Diodor: **Bergwerkssklaven** (Tätigkeiten: unterirdische Grabarbeiten; Lebensbedingungen: hohe Sterblichkeitsrate, keine Pausen und Erholung, schwere Strafen).
Seneca: **Haussklaven** (Tätigkeiten: Bedienung beim Essen; Lebensbedingungen: Verbot, Geräusche von sich zu geben, sonst schwere Bestrafung).
Plinius: **Haussklaven** (Tätigkeiten: Hausarbeiten; Lebensbedingungen: human, gütiger Umgang).
Apuleius: **Mühlensklaven** (Tätigkeiten: Arbeiten in der Mühle, z. B. Drehen des Mühlrades; Lebensbedingungen: hart und unmenschlich, ausgemergelte Körper, schmutzig, gezeichnet von schweren Erkrankungen).
Sachtext: **Sklaven im Steinbruch** (Tätigkeiten: Herausschlagen von Felsbrocken; Lebensbedingungen: hohe Sterblichkeitsrate), **Galeerensklaven** (Tätigkeiten: Rudern; Kampfeinsätze; Lebensbedingungen: hohe Sterblichkeitsrate), **Landwirtschaftssklaven** (Tätigkeiten: Feldarbeit; Lebensbedingungen: schlafen in Zwingern; angekettet), **Haussklaven** (Tätigkeiten: Arbeit je nach Einsatzort), **Schauspieler** (Tätigkeiten: Auftritte privat oder auf öffentlichen Bühnen; Lebensbedingungen: teilweise großes Ansehen), **Wagenlenker / Gladiatoren** (Tätigkeiten: Wagenrennen, Kämpfe im Amphitheater; Lebensbedingungen: (lebens)gefährlich; teilweise großes Ansehen).

Einige Sklavenhalter zeigen einen rein materialistischen Umgang mit Sklaven. Sie müssen „funktionieren“ und durch ihre Arbeit Geld einbringen. Daneben gibt es Autoren (Plinius und Seneca), die einen menschlichen Umgang mit Sklaven fordern und sie auch als Menschen ansehen.

LEKTION 7

1. **a-Konjug.:** parare – portare – clamare – intrare – cogitare – probare | **e-Konjug.:** remanere – placere – complere – respondere | **kons. Konjug.:** attingere – dicere – ostendere – emere – petere – relinquere – tollere – vendere – sumere – gerere – mittere.

2. vestis *f*, vestis, vestium | pater *m*, patris, patrum | puer *m*, pueri, puerorum | serva *f*, servae, servarum | senator *m*, senatoris, senatorum | senex *m*, senis, senum | uxor *f*, uxoris, uxorum | donum *n*, doni, donorum | fur *m*, furis, furum.

3. **a)** nolo → nolumus → nolunt → non vultis → non vis → nolle **b)** adsum → ades → adestis → adsunt → adest → adesse **c)** dicis → dico → dicimus → dicunt → dicitis → dicite **d)** respondet → respondes → respondeo → respondemus → respondent → respondete.

4. **a)** Die Freigelassenen bitten um Hilfe. **b)** Der Kaufmann verlangt Geld. **c)** Publius eilt mit seinen Freunden zum Zirkus. **d)** Der Sieger nimmt die Prämie. **e)** Die Senatoren fassen einen Beschluss.

5. KARTOFFELNKIWIGRAPEFRUITANANASAVOCADOSLITSCHIERDNÜSSE.

6. Singular: vesti (vestibus), verbo (verbis), copiae (copiis), seni (senibus), saluti (salutibus) – Plural: filiis (filiae / filio), matribus (matri), pueris (puero), agminibus (agmini), gentibus (genti).

7. **a)** Die Herrin besitzt Geld. **b)** Die Sklaven haben kein Haus. **c)** Der Händler Rutilius besitzt Tiere. **d)** Aulus und Gajus haben Freunde.

TESTE DICH SELBST: Die römische Familie

1. puer, pueri, puerorum | adulescens, adulescentis, adulescentium | senex, senis, senum.

2. KINDER: filius, puella, filia, soror | MÄNNER: pater, senex, libertus, servus | FRAUEN: uxor, mulier, mater domina, serva.

3. nunc – hodie – statim – semper – numquam – postea.

4. **1.** (Akk. Sg.) cibum – orationem – aquam – gaudium **2.** (Gen. Sg.) salutis – liberti – copiae – senatoris; (Nom. Pl.) salutes – liberti – copiae – senatores **3.** (Dat. Sg.) mori – verbo – puero – aedibus **4.** (Abl. Sg.) hospite – auxilio – itinere – sorore.

5. **a)** Eine Menge Sklaven ist da. **b)** Wir bringen dem Gott ein Opfer dar. **c)** Die Mutter kommt mit ihrer Schwester herbei. **d)** Der Vater lobt den Freund des Sohnes. **e)** Ich bringe den Pferden Futter. **f)** Wir sehen Tempel auf dem Weg.

6. **a)** copiarum **b)** fora **c)** -os **d)** mori **e)** Marce **f)** gentis.

7. liberi (1) – liberti (2) – pater (3) – servi (4) – clientes (5) – mater (6).

EXKURS: Das Schulrelief

1. Der Lehrer trägt einen Bart. – 2. Der Lehrer hat einen Fußschemel und kann dadurch bequemer sitzen. So ist er seinen Schülern gegenüber auch leicht erhöht. – 3. Der Lehrer wendet sich dem Schüler auf seiner linken Seite zu. Er hat die Schriftrolle in seiner linken Hand sinken lassen und die rechte Hand zur Faust geballt. An dem geöffneten Mund und der erhobenen Faust lässt sich erkennen, dass er den Schüler entweder tadeln oder ihm etwas nachdrücklich erklären will. – 4. Der hinzugekommene Schüler ist kleiner und deshalb jünger. Er hebt die rechte Hand zum Gruß. – 5. In der linken Hand trägt er zusammengebundene Wachstäfelchen an einem Griff. – 6. Die beiden älteren Schüler erhalten wohl Grammatik- bzw. Literaturunterricht. Dies ist an den Schriftrollen zu erkennen. – 7. Sie haben das Ende ihrer Lektion erreicht und dürfen gleich gehen, denn der nachfolgende Schüler ist bereits angekommen. – 8. Der neu hinzugekommene Schüler lernt lesen, schreiben und rechnen. Dazu hat er seine Wachstäfelchen mitgebracht.

LEKTION 8

1. **a)** spectaverunt: sie haben betrachtet – tacui: ich habe geschwiegen – laboravimus: wir haben gearbeitet – audivisti: du hast gehört – fuimus: wir sind gewesen – portavit: er, sie, es hat getragen **b)** vocavi: ich habe gerufen – habes: du hast – intravisti: du bist eingetreten – dubitant: sie zögern – fuisti: du bist gewesen – doletis: ihr bedauert **c)** audivimus – intravit – tacuisti – fuerunt.

2. servat → servavit → servaverunt → servavimus → servavistis → servavisti → paruisti → paruistis → paruerunt → paruimus → parui → potui → potuisti → potuit → potest → servat.

3. **a)** capis: 2. Pers. Sg. **b)** doluit: Perf. **c)** completis: Präs. **d)** mitte: Imp. Sg.

4. Publius eilte (properavit) mit Philippus auf das Forum. Dort betrachteten (spectaverunt) die Freunde die Gebäude und die Tempel der Götter. Sie betraten (intraverunt) auch die Läden der Händler. Später suchten die Gefährten die Kurie auf (petiverunt). Plötzlich aber schwieg (tacuit) Publius, denn er hörte (audivit) das Geschrei einer Frau: „Helft mir! Ein Dieb hat mich angegriffen (petivit) und mein Geld gewaltsam entrissen (corripuit)." Sofort beschlossen (placuit) die Jungen, der Frau zu helfen, aber sie sahen (viderunt) den Dieb nicht mehr.

5. **b) Amphion und Zethos:** Zwillingspaar, nach der Geburt ausgesetzt, von Hirten gefunden und aufgezogen; beide regierten nach der Vertreibung des unrechtmäßigen Herrschers in der Stadt Theben. – **Amalthea:** Ziege, die Zeus ernährte, der von seiner Mutter vor seinem Vater Kronos versteckt wurde, weil dieser aus Angst, den Thron zu verlieren, seine Kinder verschlang. – **Moses:** wurde in einem Binsenkorb ausgesetzt, da der ägyptische Pharao aus Angst vor der wachsenden Zahl der Israeliten die Tötung aller Neugeborenen angeordnet hatte. – **Kain und Abel:** Söhne von Adam und Eva, Kain erschlägt seinen Bruder Abel aus Eifersucht.

LEKTION 9

1. amicos → iram → clamorem → pericula → comites → patriam → hostes → pacem → lacrimas → urbem → aquam → ripas → populos → deum → vinum → tabernas → virum → maritos.

2. in urbem venire (venisse): in die Stadt kommen – clamorem audire (audivisse): Geschrei hören – parentibus parere (paruisse): den Eltern gehorchen – pacem defendere (defendisse): den Frieden verteidigen – lacrimas tenere (tenuisse): die Tränen zurückhalten – in ripa stare (stetisse): am Ufer stehen – cum hostibus pugnare (pugnavisse): mit Feinden kämpfen – in periculo esse (fuisse): in Gefahr sein – templum petere (petivisse): den Tempel aufsuchen.

3. consilium, amicum, templum, oculum | Lösung: Cato.

4. tandem: endlich – autem: aber – etiam: auch – tum: dann – deinde: darauf – statim: sofort – iam: schon.

5. Den Freunden hilft das Glück: **a)** Marcum cum amicis in ripa Tiberis ludere videmus: Wir sehen, dass Marcus mit Freunden am Ufer des Tibers spielt. – Subito Flavius Marcum in aquam cadere videt: Plötzlich sieht Flavius, dass Marcus ins Wasser fällt. – Flavius Marcum amicos vocare audit: Flavius hört, dass Marcus die Freunde ruft. – Flavius ceteros amicos non adesse scit: Flavius weiß, dass die übrigen Freunde nicht da sind. – Servus Flavium Marcum amicum servare cupit: Der Sklave will, dass Flavius den Freund Markus rettet. **b)** Servus Flavium Marcum amicum servavisse dicit: Der Sklave sagt, dass Flavius den Freund Marcus gerettet hat. – Pater Flavium filium servavisse scit: Der Vater weiß, dass Flavius seinen Sohn gerettet hat. – Marcus Flavium amicum esse putat: Marcus glaubt, dass Flavius sein Freund ist.

6. Echte Römer! Gast: „Audio Mamercum contra hostes non pugnavisse. Scis Mamercum contra Tuscos non pugnavisse." Manius: „Ego Mamercum non amo. Audio Mamercum etiam flevisse! Mamercum virum esse non puto." Gast: „Vinum praebe mihi, amice! Nos viri sumus!" – Gast: „Ich höre, dass Mamercus nicht gegen die Feinde gekämpft hat. Du weißt, dass Mamercus nicht gegen die Etrusker gekämpft hat." Manius: „Ich mag den Mamercus nicht. Ich höre, dass Mamercus sogar geweint hat! Ich glaube nicht, dass Mamercus ein (echter) Mann ist." Gast: „Gib mir Wein, Freund! Wir sind (echte) Männer!"

7. **a)** Secunda scit Horatium Romanum esse: Secunda weiß, dass Horatius Römer ist. **b)** Secunda scit Horatium multos servos habere: Secunda

weiß, dass Horatius viele Sklaven hat. **c)** Secunda scit servos in agro Horatii laborare, sed Horatio non parere: Secunda weiß, dass Sklaven auf dem Feld von Horatius arbeiten, aber dem Horatius nicht gehorchen. **d)** Secunda scit Horatium semper pugnare debere: Secunda weiß, dass Horatius immer kämpfen muss. **e)** Secunda scit Romanos cum hostibus pugnare: Secunda weiß, dass die Römer mit den Feinden kämpfen. **f)** Secunda scit servos Horatii itaque vilico parere: Secunda weiß, dass die Sklaven des Horatius deshalb dem Gutsverwalter gehorchen.

LEKTION 10

1. matribus bonis (Sg.: matri bonae / matre bona) – magna urbs (Pl.: magnae urbes) – deo bono (Pl.: deis bonis) – totam gentem (Pl.: totas gentes) – magna calamitate (Pl.: magnis calamitatibus) – magna templa (Sg.: magnum templum) – magnum agmen (Pl.: magna agmina) – multorum hostium (Sg.: –) – hominem miserum (Pl.: homines miseros).

2. Synonyme: properare ~ contendere | praebere ~ dare | videre ~ aspicere | velle ~ cupere | flere ~ dolere | Antonyme: numquam ↔ semper | parere ↔ iubere | ante ↔ post | emere ↔ vendere.

3. Oberbegriff: bellum (Krieg).

4. So ist es! Zum Beispiel: Liberi superbi sunt: Die Kinder sind überheblich. – Ira magna est: Der Zorn ist groß. – Frater miser est: Der Bruder ist unglücklich. – Nex ultima est: Der Tod ist das letzte. – Vir bonus est: Der Mann ist gut. – Auxilium magnum est: Die Hilfe ist groß. – Parentes boni sunt: Die Eltern sind gut. – Filii multi sunt: Die Söhne sind zahlreich.

5. **a)** Ich weiß, dass die Römer die Brücke gehalten haben. **b)** Scio Tuscos ad ripam properavisse: Ich weiß, dass die Etrusker zum Ufer geeilt sind. **c)** Scio Romanos in periculo fuisse: Ich weiß, dass die Römer in Gefahr waren. **d)** Scio Tuscos cum hostibus pugnavisse: Ich weiß, dass die Etrusker mit den Feinden gekämpft haben.

6. Nach dem Tod des Remus hielten viele Römer (multi Romani) die Tränen nicht mehr zurück. Sie empfanden Schmerz über das unglückliche Schicksal (sorte misera) des jungen Mannes. Aber Romulus (sagte) mit lauter Stimme (magna voce): „Gehorcht mir, gute Männer (viri boni)! Ihr dürft das Schicksal des überheblichen Remus (Remi superbi) nicht beklagen. Denn Remus zögerte nicht, die Mauer auszulachen und so ein großes Unrecht (magnam iniuriam) zu begehen. Endlich sind wir sicher (tuti sumus) vor den Feinden; deswegen freut euch über die Mauer!"

7. **a)** Nach der Eroberung von **Troja** schaukelte ein Boot auf den Wellen des **Mittelmeeres** in Richtung Italien. Glückliches Rom! Hier kommt dein Begründer! Es ist Äneas mit seinem Vater Anchises und seinem Sohn Julus (Ascanius), die sich aus dem brennenden **Troja** gerettet hatten und nur nach langer Irrfahrt in Latium an Land gingen. König Latinus empfing sie. Er weidete gerade seine Ziegen und sagte: „Jetzt kann die römische Geschichte beginnen!" Er irrte sich. Es dauerte noch geschlagene zweihundert Jahre bis zum ersten Spatenstich. Den tat bekanntlich Romulus. Romulus und Remus waren direkte Nachfahren vom Äneas junior und der Tochter des Ziegen-Latinus. Aber sie waren etwas mysteriöse Nachkommen, denn einen Mann, der – wäre alles mit rechten Dingen zugegangen – ihr Vater hätte sein müssen, gab es nicht. Nur die Mutter war echt: Tochter des guten alten Königs **Numitor** von Alba Longa, das noch Julus, der Sohn des Äneas, gegründet hatte. Die Königstochter ging im Walde so für sich hin und besichtigte gerade eine Grotte, da passierte es: Gott **Mars** trat aus dem Dunkel, ein Wort gab das andere und nach neun Monaten erblickten Romulus und Remus das Licht der Welt. Aber es gab ein Problem: es saß nicht mehr Großvater **Numitor** auf dem Thron, denn sein **Bruder** (Amulius) hatte ihn inzwischen verdrängt. Dieser Mensch warf nur einen einzigen Blick auf die stämmigen Zwillinge, um zu wissen, dass sein Thron wackelte. Das Weitere kennt ihr: den Tiber, die **Wölfin**, den Hirten Faustulus, die Vertreibung des Tyrannen und die Suche nach einem geeigneten Platz, um eine Stadt zu gründen. Und schließlich fand Romulus, dass Zwillinge um fünfzig Prozent überbesetzt seien. Remus hatte von da an schlechte Karten. Nach dieser nicht gerade rühmlichen Aktion wischte sich Romulus den Schweiß von der Stirn, nahm einen Spaten und gründete Rom – **753**: Rom kroch aus dem Ei!

b) vgl. Lösung zu S. 40, Aufgabe 1.

LEKTION 11

1. **a)** Auswahl: sors, timere, nex, vir, ira, munire, tenere, flere, calamitas, necare, urbem petere, bellum, multitudo **b)** legio, amittere, manere, restare, consulere, labor, miles, oppidum, vincere, aperire, proelium, moenia alta **c)** amittit / amisit – manet / mansit – restat – consulit / consuluit – vincit / vicit – aperit / aperuit.

2. **a)** Lösungswort (pugnas – intro – emit – tacet – amittit – servat): PIETAS bezeichnet das pflichtgemäße Verhalten gegenüber den Göttern und Menschen.

b) und **c)** **v-Perfekt:** vocavistis (ihr habt gerufen, vocatis) – cognovi (ich habe erkannt, cognosco) – petivistis (ihr habt aufgesucht, petitis) | **u-Perfekt:** tenui (ich habe gehalten) – censuerunt (sie haben gemeint, censent) | **Dehnungsperfekt:** fecisti (du hast gemacht, facis) – venistis (ihr seid gekommen, venitis) – cepimus (wir haben genommen, capimus) – vidi (ich habe gesehen, video) | **s-Perfekt:** risistis (ihr habt gelacht, ridetis) – duximus (wir haben geführt, ducimus) – aspexi (ich habe erblickt, aspicio) – accessistis (ihr seid herbeigekommen, acceditis) | **Perfekt ohne Stammveränderung:** animadvertimus (wir haben bemerkt, animadvertimus) – defendi (ich habe verteidigt, defendo) | **Reduplikationsperfekt:** dedi (ich habe gegeben, do) – restitit (er, sie, es ist übriggeblieben, restat) – pepulistis (ihr habt vertrieben, pellitis) – cucurrerunt (sie sind gelaufen, currunt) – stetisti (du hast gestanden, stas) – Lösungswort: PIETAS.

3. Hannibal vor den Toren! C. Servilius consul: „Credite mihi, viri! Hannibal nos petere cupit. Itaque non dubito vobiscum patriam defendere.“ Sed Cassius senator: „Tu filios tuos non amisisti, mihi autem unus solum restat.“ Tum Servilius: „Tamen portas urbis aperire non debemus. Hannibal me non terret. Venite mecum et pugnate!“
Der Konsul C. Servilius (sagte): „Glaubt mir, Männer! Hannibal will uns angreifen. Deshalb zögere ich nicht, mit euch die Heimat zu verteidigen.“ Aber der Senator Cassius (erwiderte): „Du hast deine Söhne nicht verloren, mir aber ist nur einer übrig.“ Darauf Servilius: „Dennoch dürfen wir die Tore der Stadt nicht öffnen. Hannibal erschreckt mich nicht. Kommt mit mir und kämpft!“

5. **a)** (**L**) Faustulus Romulum et Remum servavit domumque portavit: Faustulus rettete Romulus und Remus und trug sie nach Hause. **b)** (**C**) Romulus Remum necavit, quod Remus murum risit: Romulus tötete Remus, weil er seine Mauer ausgelacht hat. **c)** (**N**) „Expellite totam gentem Tarquiniorum!“: „Vertreibt den ganzen Stamm der Tarquinier!“ – **d)** (**S**) Tarquinius Superbus rex ultimus Romanorum fuit: Tarquinius Superbus war der letzte König der Römer. – **e)** (**U**) Hannibal legiones Romanas in Italia vicit: Hannibal besiegte die römischen Legionen in Italien. – **f)** (**O**) Patria Hannibalis in Africa fuit: Hannibals Heimat war in Afrika. | Lösungswort: consul.

LEKTION 12

1. **a)** quam : quas = quem : quos **b)** quae : quod = qui : qui **c)** cuius : quarum = cui : quibus **d)** quos: quas = quorum: quarum.

2. quam → quas → quarum → quorum → cuius → cui → cui → quod → quae → quibus.

3. **a)** rot: quo, ego, mihi – grün: vero, diu – blau: misero, bono – Übrig bleiben: vino (Substantiv, Abl. / Dat. Sg. von vinum), taceo (Verb, 1. Pers. Sg. Präs. von tacere), pro (Präposition) **b)** rot: cui, cuius, te, quibus – grün: repente, bene – blau: toti, tutae – Übrig bleiben: es (Verb, 2. Sg. Präs. oder Imperativ von esse), urbi (Substantiv, Dat. Sg. von urbs) **c)** rot: tu, quae, vos, quarum – grün: hodie, certe – blau: magnae, ultima – Übrig bleiben: aperio (Verb, 1. Pers. Sg. Präs. von aperire), dona (Substantiv, Akk. / Nom. Pl. von donum).

4. **a)** 2 (Fehler in 1: Nicht die Knaben haben Faustulus nach Hause getragen. Fehler in 3: quem ist Sg., nicht Pl.) **b)** 1 (Fehler in 2: muros ist Pl.; qui ... viros: falscher Sinn. Fehler in 3: quod ist Neutrum, nicht Maskulinum) **c)** 3 (Fehler in 1: Accam ist Akk., nicht Dat. Fehler in 2: qui ist Maskulinum, nicht Femininum).

5. Die Phönizier: **a)** Romani Poenos, qui elephantis pugnant, armis petunt: Die Römer greifen die Punier, die mit Elefanten kämpfen, mit Waffen an. **b)** Romani, qui Siciliam ceperunt, Poenos expellunt: Die Römer, die Sizilien erobert haben, vertreiben die Punier. **c)** Poeni Siciliam, quae prima provincia Romanorum est, relinquunt: Die Punier verlassen Sizilien, welches die erste Provinz der Römer ist. **d)** Postea Hamilcar, qui imperator Poenorum est, milites in Hispaniam ducit: Später

führt Hamilcar, der der Feldherr der Punier ist, seine Soldaten nach Hispanien (Spanien). **e)** Hannibal, qui filius Hamilcaris est, semper hostis Romanorum erat: Hannibal, der der Sohn des Hamilcar ist, war immer ein Feind der Römer.

6. Archimedes (geb. um 287 v. Chr.) wurde in der Schlacht um Syrakus (212 v. Chr.) von einem römischen Soldaten getötet, der ihn nicht erkannte. Archimedes befand sich in seinem Garten und hatte Kreise in den Sand gezeichnet, um ein geometrisches Problem zu durchdenken. Den Soldaten wehrte er mit folgenden berühmt gewordenen Worten ab: „Störe meine Kreise nicht!"

7. **a)** 3 (Romulus, der die Stadtmauer befestigte, ...) – **b)** 1 (Numa Pompilius, der für die heiligen Bräuche sorgte, ...) – **c)** 5 (Tullus Hostilius, der Alba Longa mit Waffen angriff, ...) – **d)** 4 (Ancus Marcius, der die Beamten standesgemäß angekleidet / ausgestattet hat, ...) – **e)** 2 (Tarquinius Superbus, dessen Sitten den Römern nicht gefallen haben, ...).

EXKURS: Cursus honorum

quaestor: Aufgaben: Verwaltung und Finanzen | **aedilis:** (4); Mindestalter: 37 Jahre; Aufgaben: Aufsicht über Straßen, Gasthäuser, Wasserleitungen, Thermen und Märkte; Getreideversorgung Roms; Aufsicht über die öffentlichen Spiele | **praetor:** (wechselnde Anzahl); Mindestalter: 40 Jahre; Aufgaben: Rechtsprechung und Rechtspflege | **consul:** (2); Mindestalter: 43 Jahre; Aufgaben: Führung der Staatsgeschäfte; militärischer Oberbefehl.

Biografie Cicero: A3 – B1 – C5 – D2 – E4.

Darstellungsabsicht: Sorge um den Staat; Ernsthaftigkeit der Aufgaben; persönlicher Einsatz.

LEKTION 13

1. **a)** eis / iis **b)** is / ii **c)** ea **d)** eius **e)** ea / eae **f)** ei.

2. ea pericula ingentia – eae orationes vehementes – eam mulieren potentem – ea morte misera – eo consilio ingenti – eius hominis vehementis.

3. **a)** foro ingenti (S) – **b)** fratrem magnum (N) – **c)** scelus vehemens (U) – **d)** imperatore potenti (A) – **e)** exemplis ingentibus (S) | Lösungswort: nasus (Nase).

4. Auch die andere Seite soll gehört werden!
a) Hannibal cunctos viros potentes Poenorum virtute gratiaque superavit: Hannibal übertraf alle mächtigen Männer der Punier an Tatkraft und Ansehen. **b)** Copia militum, equorum, elephantorum, quos Hannibal in Italiam duxit, ingens fuit: Die Menge an Soldaten, Pferden und Elefanten, die Hannibal nach Italien führte, war gewaltig. **c)** Dum milites Hannibalis montes Alpium superant, se ab ingentibus periculis defenderunt: Während die Soldaten Hannibals die hohen Alpen(berge) bezwangen, wehrten sie ungeheure Gefahren ab.
d) Poeni, quod iter per Alpes cum elephantis fecerunt, sibi ingentem gloriam paraverunt: Weil die Punier den Marsch über die Alpen mit Elefanten machten, bereiteten sie sich ungeheuren Ruhm.
e) Hannibal, ubi legiones Romanas aspexit, comitibus vehementi oratione dixit: „Pugnate pro patria, vincite Romanos, parate vobis ingentia praemia, viri!": Sobald Hannibal die römischen Legionen erblickte, sagte er zu seinen Gefährten in einer energischen Rede: „Kämpft für die Heimat, besiegt die Römer und verschafft euch gewaltige Belohnungen, Männer!"

5. **a)** Besonderheiten eines (römischen) Briefes: Einleitungs- und Schlussformel, Danksagung, Anrede, Dialogcharakter (z. B. Fragen wie „Quid cogitas?").
b) relativer Satzanschluss: Qui (servi) vinum cibosque ... Quos (servos) hodie ... – Arten der Perfektbildung: v-Perfekt: audivi, laboraverunt, properavi / u-Perfekt: terrui, voluerunt, potui / Dehnung: cepi / s-Perfekt: surrexi / ohne Stammveränderung: contendi / Reduplikation: dedit, pepuli – Ablativ der Zeit: multa nocte, ea nocte – AcI: quos ... (parere) velle puto – Imperativ: Vale!

6. **Hannibal:** hostis populi Romani, imperator Poenorum, inimicus ingens Scipionis, vir miser – **Cleopatra:** mulier potens, domina Aegypti, dea pulchra, amica pristina populi Romani – **Caesar:** victor clarus Romanorum, imperator potens.

TESTE DICH SELBST: RES GESTAE

1.

2. amica (Freundin) – basilica (Markthalle) – rostra (Rednertribüne) – mercator (Händler) | Lösung: labrum (Lippe).

3. 1 Romulus (f / i / k) – 2 Cäsar (c / e / h) – 3 Scipio (a / d / j) – 4 Tarquinius Superbus (b / g / l).

LEKTION 14

1. **a)** putas ← putabas → putavisti **b)** dicunt ← dicebant → dixerunt **c)** peto ← petebam → petivi **d)** est ← erat → fuit **e)** videtis ← videbatis → vidistis **f)** currit ← currebat → cucurrit **g)** ostendimus ← ostendebamus → ostendimus.

2. **sedeo** → sedebam → sedebamus → sedebant → sederunt → sedistis → sedebatis → sedebas → sedes | **relinquo** → relinquebam → relinquebamus → relinquebant → reliquerunt → reliquistis → relinquebatis → relinquebas → relinquis | **nescio** → nesciebam → nesciebamus → nesciebant → nesciverunt → nescivistis → nesciebatis → nesciebas → nescis | **dubito** → dubitabam → dubitabamus → dubitabant → dubitaverunt → dubitavistis → dubitabatis → dubitabas → dubitas | **debeo** → debebam → debebamus → debebant → debuerunt → debuistis → debebatis → debebas → debes | **adiungo** → adiungebam → adiungebamus → adiungebant → adiunxerunt → adiunxistis → adiungebatis → adiungebas → adiungis.

3. ibam: ich ging (accedebam) – is: du gehst (accedis) – istis: ihr seid gegangen (accessistis) – isse: gegangen sein (accessisse) – eo: ich gehe (accedo) – ibant: sie gingen (accedebant) – i: geh (accede) – ii: ich bin gegangen (accessi) – ite: geht (accedite) – eunt: sie gehen (accedunt) – iimus: wir sind gegangen (accessimus) – it: er, sie, es geht (accedit).

4. **1.** China **2.** Aureus **3.** gubernator **4.** Pyramide **5.** Aetna **6.** Ostia | Lösung: Hermes.

5. **a)** Balbus ist Sklave des Senators Cornelius. **b)** Balbus glaubt, dass er (se) ein guter Sklave ist. **c)** Auch Cornelius glaubt, dass er (eum) ein guter Sklave ist. **d)** Deshalb lobt Cornelius ihn (eum). **e)** Denn er weiß, dass Balbus ihm (sibi) immer gehorcht. **f)** Auch Balbus weiß, dass Cornelius für ihn (sibi) ein guter Herr ist. **g)** Deshalb bemüht er sich, ihm (ei) zu gehorchen.

6. **a)** sciunt: Caesarem – imperatorem potentem fuisse | dicunt: eum – praestitisse | constat: copias – vicisse / superavisse | viderunt: victorem – placere | non ignoraverunt: dominam – sibi adiunxisse | narrant: Caesarem – studuisse / delectavisse.
b) Ist Cäsar etwa nicht unbesiegbar? Alle wissen, dass Cäsar ein mächtiger Feldherr gewesen ist. Einige sagen, dass er die anderen Feldherrn an Tüchtigkeit übertroffen habe (hat). Und in der Tat ist es bekannt, dass Cäsars Truppen viele Völker besiegt und viele Gebiete besetzt haben. Dennoch sahen bereits die Römer, dass der Sieger über ganz Gallien einer Frau gefiel. Viele nannten Cäsar einen Sklaven Kleopatras; sie wussten genau, dass die Herrin Ägyptens Cäsar durch ihren schönen Körper für sich gewonnen hatte. Autoren (Verfasser) erzählen, dass Cäsar sich bemühte, Kleopatra zu gefallen und sie mit Geschenken erfreute.

TESTE DICH SELBST: DIE WELT DES SUPERHELDEN

1. **a)** claros / fortes **b)** clari / fortis **c)** clarum / fortem **d)** claris / fortibus **e)** claro / forti **f)** clarorum / fortium.

2. **a)** imus, ibas, iit, isti **b)** eos, iis, eius, eas, ea **c)** is, eo, ii.

3. **a)** pulchrae – bonam – omnes – magnos – bonis – potentes – contentam **b)** Verben, die einen AcI auslösen: nescit – contendo / Imperativ: compone / Präpositionen: in, sine, ad, cum **c)** Virtus: Herkules möchte ein tugendhaftes und rechtschaffenes Leben führen.

4. links: Virtus: züchtige Kleidung, erhobener Zeigefinger – Mitte: Hercules: unsicherer, junger Mann – rechts: Voluptas: lächelnd, verführerisch bekleidet, weiches Lager.

LEKTION 15

1. **Perfekt:** narraverunt (sie haben erzählt, sie erzählten) – rexisti (du hast geherrscht, du herrschtest) – monuerunt (sie haben ermahnt, sie ermahnten) – inierunt (sie sind hineingegangen, sie gingen hinein) – quaesivit (er hat gefragt, er fragte) – rexit (er hat gelenkt, er lenkte) – flexistis (ihr habt gebogen, ihr bogtet) – sedi (ich habe gesessen, ich saß) **Plusquamperfekt:** fefelleram (ich hatte getäuscht) – fugeram (ich war geflohen) – desieramus (wir hatten aufgehört) – quieverant (sie hatten geschlafen) – contenderas (du warst geeilt) – cinxeras (du hattest umgeben) – eiecerat (er hatte hinausgeworfen) – iusserant (sie hatten befohlen)

2. **a)** is **b)** ibas **c)** iimus **d)** isti **e)** ibant **f)** ierunt **g)** eo **h)** eunt **i)** i! **j)** itis

3. 1. timuerant 2. expulerant 3. miseramus 4. pepuleras 5. tenuerant 6. adfueram 7. volueras 8. erraveratis 9. rexerat 10. adieratis 11. tacueram

4. **a)** Adverb: **celeriter** → Die Trojaner laufen schnell zur Stadtmauer. **b)** Adjektive: **fortes, magna** → Nach der Schlacht lobt der Feldherr der Griechen die tapferen Soldaten mit lauter Stimme. **c)** Adverb: **fortiter** → Hektor hatte immer tapfer gekämpft. **d)** Adjektiv: **pulchrae** → Das Haus des Königs der Trojaner war schön. **e)** Adjektiv: **tristem** → Äneas ließ seine traurige Ehefrau zurück. **f)** Adjektiv: **improbi** → Die unredlichen Griechen bereiteten ihren Feinden eine List. **g)** Adverb: **crudeliter** → Achilles hat grausam mit Hektor gekämpft. **h)** Adjektive: **multi, miseri** → Viele unglückliche Trojaner flohen aus ihrer Heimat. **i)** Adverb: **pie** → König Priamos hat pflichtbewusst regiert.

5. **a)** Valeria est domina **improba**. Valeria ist eine böse Herrin. **b)** Servas **vehementer** increpitat. Sie beschimpft heftig ihre Sklavinnen. **c)** Servas **crudeliter** pellit, cum eae vestes dominae **bene** non deponunt. Sie schlägt die Sklavinnen grausam, wenn sie die Kleider der Herrin nicht gut (ordentlich) ablegen. **d)** Sed maritus servas **miseras** defendit. Aber der Ehemann verteidigt die armen Sklavinnen.

6. **adire:** Er hat große Mühen auf sich genommen. – Die Senatoren betreten die Kurie. – Die Soldaten gingen zu den Feinden. – **inire:** Die Soldaten haben die Schlacht begonnen. – Wir haben einen Plan gefasst. – Der Freund hat die Reise angetreten. – **transire:** Cäsar hat nach Britannien übergesetzt – Einige Soldaten sind zum Feind übergelaufen. – **perire:** Die Städte gehen unter. – Ich bin verloren. – Viele Menschen sind zugrunde gegangen (gestorben).

LEKTION 16

1. **a)** er siegte **b)** er hat gesiegt **c)** sie hatten gesiegt **d)** du siegtest **e)** sie haben gesiegt **f)** ich siege **g)** du wirst siegen **h)** du siegst **i)** ich werde siegen **j)** gesiegt (zu) haben **k)** ihr habt gesiegt **l)** du hattest gesiegt **m)** siegen **n)** ich hatte gesiegt **o)** wir siegen **p)** ich habe gesiegt **q)** er wird siegen **r)** ich siegte

2.

Infinitiv	Präsens	Imperfekt
flectere	flecto	flectebas
iubere	iubeo	iubebas
promittere	promitto	promittebas
donare	dono	donabas

Futur	Perfekt	Plusquamperfekt
flectet	fleximus	flexeratis
iubebit	iussimus	iusseratis
promittet	promisimus	promiseratis
donabit	donavimus	donaveratis

3. verba **ipsa** (Nom. / Akk. Pl. *n*) → verbum **ipsum** (Nom. / Akk. Sg. *n*) – vir **ipse** (Nom. Sg. *m*) → viri **ipsi** (Nom. Pl *m*) – uxoris **ipsius** (Gen. Sg. *f*) → uxorum **ipsarum** (Gen. Pl. *f*) – labores **ipsi** (Nom. Pl. *m*) → labor **ipse** (Nom. Sg. *m*) – periculis **ipsis** (Dat. / Abl. Pl *n*) → periculo **ipsi** (Dat. Sg. *n*) oder periculo **ipso** (Abl. Sg. *n*) – curae **ipsi** (Dat. Sg. *f*) → curis **ipsis** (Dat. Sg. *f*)

4.

Nom. Pl.	→	Akk.	→	Sg.
reges ipsi	→	reges ipsos	→	regem ipsum
ei / ii clamores	→	eos clamores	→	eum clamorem
ea itinera	→	ea itinera	→	id iter
causae ipsae	→	causas ipsas	→	causam ipsam
ea bella	→	ea bella	→	id bellum
agmina ipsa	→	agmina ipsa	→	agmen ipsum

→	Gen.	→	Pl.
→	regis ipsius	→	regum ipsorum
→	eius clamoris	→	eorum clamorum
→	eius itineris	→	eorum itinerum
→	causae ipsius	→	causarum ipsarum
→	eius belli	→	eorum bellorum
→	agminis ipsius	→	agminum ipsorum

5. Trojas Schicksal: **a) fortiter:** Die Trojaner hatten lange mit den Griechen tapfer gekämpft. **b) potentem:** Dann hatten die Griechen die mächtige Stadt erobert. **c) crudeliter:** Die Griechen hatten viele Trojaner grausam getötet. **d) pius:** Deshalb führte Äneas, der pflichtbewusste Mann, die Gefährten aus der Stadt. **e) miseram:** Dieser erkannte später, dass seine unglückliche Frau nicht da war.

6. Die Dichter der Griechen erzählen, dass der Gott Apollo Kassandra, die Tochter des Königs der Trojaner, geliebt hat. Deshalb machte er ihr ein bedeutendes Geschenk: Kassandra konnte die Zukunft vorhersehen. Der Tochter des Königs aber gefiel die Liebe des Gottes nicht und sie ließ den Gott unbeachtet. Aus Zorn verfluchte Apollo sein Geschenk, da er Kassandra das Geschenk nicht mehr entreißen konnte. Apollo (sagte): „Niemand wird deinen Worten glauben. Alle werden über deine Aussagen lachen."
Später ermahnte die Tochter des Königs das Volk der Trojaner: „Die Griechen werden die Stadt einnehmen. Die so schöne und mächtige Stadt wird untergehen. Die Griechen werden am Strand ein Pferd aufstellen, das wir in unsere Stadt führen werden. Durch diese List werden die Feinde uns besiegen. Dann werden die Sieger Frauen und Kinder auf Schiffen nach Griechenland führen. Dort werden sie (Kriegs-) Gefangene sein; denn sie werden den Griechen gehorchen. Die Mütter werden ohne ihre Kinder sein, die Kinder werden ihre Mütter vermissen. Wir alle werden viele Tränen weinen und Schmerz empfinden, denn Troja wird nicht mehr sein." Aber die Trojaner glaubten den Worte Kassandras nicht. Und tatsächlich ...

7. **Zankapfel**: Die drei Göttinnen Athene, Hera und Aphrodite stritten darum, wer die Schönste ist. Der Preis dieses Wettbewerbs war ein Apfel.
Kassandrarufe: Das war Kassandras Schicksal: Warnungen, die ausgesprochen werden, werden von den Gewarnten nicht geglaubt und ernst genommen.
Danaergeschenk: Man bekommt zwar etwas geschenkt, aber das Geschenk erweist sich für den Beschenkten als unheilvoll und stürzt ihn ins Unglück. So warnte der Priester Laokoon die Trojaner davor, das hölzerne Pferd in die Stadt zu bringen, weil er vorausgesehen hatte, dass von dem Pferd Unheil ausging.
Achillesferse: Achilles' einzige verwundbare Stelle war die Ferse, weil seine Mutter Thetis ihn da festgehalten hatte, als sie mit ihm in den Unterweltsfluss Styx stieg, um ihn unverwundbar zu machen. Achilles war geweissagt worden, dass ihn ein früher Tod ereilen werde.
Trojaner (im Computer): Ein Virus dringt – unter dem Deckmantel einer harmlosen Datei – in den Computer ein und richtet dort Schaden an. Das Virus versteckt sich ebenso wie die Griechen im Trojanischen Pferd.

LEKTION 17

1. **flecteris:** du wirst umgestimmt (werden) – **adicietur:** er (sie, es) wird hinzugefügt werden – **confirmabantur:** sie wurden bestärkt – **aedificantur:** sie werden gebaut – **cingebamini:** ihr wurdet umgeben – **regemur:** wir werden beherrscht werden – **movebar:** ich wurde bewegt – **reperiar:** ich werde gefunden werden

2. **interrogabar:** ich wurde gefragt – **eripitur:** er (sie, es) wird entrissen – **regebatur:** er (sie, es) wurde gelenkt – **rapiuntur:** sie werden geraubt | **cingemur:** wir werden umzingelt werden – **petimini:** ihr werdet aufgesucht – **accusantur:** sie werden angeklagt – **convocabimur:** wir werden zusammengerufen werden | **monemini / movemini:** ihr werdet ermahnt / bewegt – **mittebantur:** sie wurden geschickt – **superor:** ich werde übertroffen – **appellabantur / appellabuntur:** sie wurden gerufen / sie werden gerufen werden

3. **a)** Man hört Geräusche. **b)** Man sieht die Spiele. **c)** Man antwortet den Kindern. **d)** Man ruft den Jungen.

4. „Du wirst auf Papier ein Wort schreiben, das man ABRACADABRA nennt, du wirst es immer wieder untereinander schreiben, aber immer wird der letzte Buchstabe des Wortes weggelassen. So werden dem Wort die Buchstaben geraubt, bis ein Buchstabe in einer Spitze übrig bleibt."

ABRACADABRA
ABRACADABR
ABRACADAB
ABRACADA
ABRACADA
ABRACAD
ABRACA
ABRAC
ABRA
ABR
AB
A

5. **a)** est (Präsens) – quiescunt (Präsens) – audit (Präsens) – timet (Präsens) – perterrebatur (Imperfekt) – amabat (Imperfekt) – potest (Präsens) – cogitat (Präsens) – movetur (Präsens) – perturbatur (Präsens) – vocat (Präsens) – processit (Perfekt) – videmus (Präsens) – excitabitur (Futur)

b) Sonderbare Geräusche: Es ist Nacht. Alle schlafen. Plötzlich hört Marcus ein Geräusch. Was ist (das)? Marcus fürchtet sich vor Gespenstern. Immer wieder wurde er durch nächtliche Geräusche erschreckt. Deshalb liebte er die Dunkelheit nicht. Aber nicht immer kann er der Nacht entfliehen. Dann wird sein Geist (er) durch sonderbare Geschichten, über die er nachdenkt, bewegt. Besonders durch die Stille wird er verwirrt. Nun ruft er seine Eltern ... Die Nacht ist schon vorangeschritten. Wir sehen Marcus schlafen. Nun ist er frei von Gespenstern und unglaublichen Geschichten. Bald wird er aus dem Schlaf geweckt werden.

6. Odysseus befahl allen Schiffen, den Strand aufzusuchen, dann rief er: „Wartet! Beobachtet den Strand! Vielleicht leben hier Ungeheuer." Aber die Gefährten des Odysseus lachten (ihn) aus, denn man sah nur Schweine am Strand. Die Gefährten gingen an den Strand und wollten die Schweine fangen, denn sie hatten großen Hunger. Odysseus betrat als letzter den Strand. Plötzlich hörte er eine Stimme: „Odysseus, höre! Ich bin Merkur. Minerva hat mich zu dir geschickt. Du wirst von der Göttin gewarnt. Denn hier lebt Kirke, die große Zauberin. Sie ist die Herrin der Insel. Hast du nicht die vielen Schweine gesehen? Das (Diese) waren Menschen. Sie wurden von Kirke in Schweine verwandelt." Odysseus (fragte): „Warum macht sie das?" – Merkur (antwortete): „Alle Menschen, die ankommen, werden von ihr in Schweine verwandelt. Jetzt werden auch deine Gefährten Schweine sein." Odysseus (sagte) traurig: „Warum sind wir zu dieser Insel gekommen?" Merkur aber (sagte): „Ich werde dir ein Zauberkraut geben, das du sofort essen musst. Mit diesem Kraut wirst du geschützt werden. Beeile dich, Kirke kommt schon." – Eine schöne Frau trat an Odysseus heran: „Wen sehe ich? Ich grüße dich, Odysseus. Ich freue mich, dass du hier bist, denn mit dir und deinen Gefährten werde ich mehr Schweine haben. Neptun hat mir gesagt, dass du mit Schiffen zu meiner Insel kommst." – Odysseus fragte: „Warum werden von dir alle Menschen in Schweine verwandelt?" Kirke lachte: „Ihr Menschen seid Schweine. Und ich gebe euch den passenden Körper. Denn Tiere töten, wenn (weil) sie Hunger haben. Ihr Menschen aber tötet, weil ihr töten wollt." Dann sprach Kirke Zauberworte. Aber Odysseus wurde nicht verwandelt ... wieder und wieder sprach sie die Worte zu Odysseus. Kirke wurde von Zorn erfüllt. Schließlich sagte sie: „Du wirst von einer Macht, die groß ist, geschützt. Ich werde aufhören, du wirst von mir nicht mehr verwandelt werden. Komm mit mir ins Haus, nun bist du mein Gast." Odysseus antwortete: „Ich werde mit dir gehen, wenn meine Gefährten in Menschen verwandelt werden."

LEKTION 18

1. Partizipien: nuntiati – victi – superato – imperato – amatam – servatus – laudatus → Lösung: Silvanus

2. **a)** delectum **b)** missum **c)** superatum **d)** auditum **e)** respectum **f)** occupatum **g)** servatum **h)** necatum **i)** amatum **j)** instructum → Lösung: Adonis / Mars

3. **a)** regi bono **b)** equos celeres **c)** labores graves **d)** imperio magno **e)** gentis nobilis **f)** iter ignotum **g)** oppidum ingens → Lösung: religio

4. Plinius fabulis moris commotus est. – Omnes a monstro excitabantur. – Senex ignotus visus est. – Signa a monstro data sunt. – Aedes a monstro liberatae sunt. – Vincula inveniebantur.

5. Ihr guten Götter! **a)** 1. Von großem Zorn bewegt, versetzte Neptun das Meer mit seinem Dreizack in Unruhe. 2. Neptun, der von großem Zorn bewegt worden war, versetzte das Meer mit seinem Dreizack in Unruhe. 3. Weil Neptun von großem Zorn bewegt worden war, versetzte er das Meer mit seinem Dreizack in Unruhe. **b)** 1. Der von seiner Ehefrau beleidigte Vulcanus bereitete Venus und dem Gott

Mars eine List vor. 2. Vulcanus, der von seiner Ehefrau beleidigt worden war, bereitete Venus und dem Gott Mars eine List vor. 3. Nachdem Vulcanus von seiner Ehefrau beleidigt worden war, bereitete er Venus und dem Gott Mars eine List vor. **c)** 1. Apollo schickte dem von Piraten aus dem Schiff ins Meer geworfenen Dichter Arion Delfine zu Hilfe. 2. Apollo schickte dem Dichter Arion, der von Piraten aus dem Schiff ins Meer geworfen worden war, Delfine zu Hilfe. 3. Nachdem der Dichter Arion von Piraten aus dem Schiff ins Meer geworfen worden war, schickte ihm Apollo Delfine zu Hilfe. **d)** 1. Ceres suchte ihre von Pluto geraubte Tochter Proserpina auf dem ganzen Erdkreis. 2. Ceres suchte ihre Tochter Proserpina, die von Pluto geraubt worden war, auf dem ganzen Erdkreis. 3. Weil ihre Tochter Proserpina von Pluto geraubt worden war, suchte Ceres sie auf dem ganzen Erdkreis.

6. Heiliger Apollo, bring Hilfe ...! Quintus Fabius Pictor [a senatoribus Delphos missus] cum legatione mare transit. (Quintus Fabius Pictor, der von den Senatoren nach Delphi geschickt worden war, überquerte mit seiner Gesandtschaft das Meer.) / Tum templum Apollinis intravit et [a sacerdotibus salutatus] Pythiam interrogavit. (Dann betrat er den Tempel des Apollo und befragte, nachdem er von den Priestern begrüßt worden war, die Pythia.) / Sed sortem [a Pythia datam] non intellexit. (Aber er verstand den Schicksalsspruch, der ihm von der Pythia gegeben worden war, nicht.) / Itaque sacerdotes [a legatis interrogati] munera a Romanis postulaverunt. (Deshalb verlangten die Priester, die von den Gesandten befragt worden waren, Geschenke von den Römern.) / Tum Quintus cum legatione Romam rediit et senatoribus in curia respondit: (Dann kehrte Quintus mit seiner Gesandtschaft nach Rom zurück und antwortete den Senatoren in der Kurie:) / „Dei [a vobis suppliciis sacrisque culti] populo Romano aderunt. („Wenn die Götter von euch mit flehentlichen Bitten und Opfern verehrt worden sind, werden sie dem römischen Volk helfen.) / Auxilio deorum Poeni superabuntur. (Mit Hilfe der Götter werden die Punier besiegt werden.) / Tum tuti et a Poenis liberi erimus. (Dann werden wir sicher und frei von den Puniern sein.) / Sed antea Apollini donum [e praeda debitum] mittemus. (Aber vorher werden wir dem Apollo ein aus der Beute geschuldetes Geschenk schicken.) / Ita deus preces civitatis Romanae observabit." (So wird der Gott das Gebet des römischen Staates beachten.") / Et senatores multis sacris [magna cum cura in ara positis] gratiam deorum imprimisque Apollinis sibi adiunxerunt. (Und die Senatoren errangen, weil sie viele Opfer mit großer Sorgfalt auf die Altäre gelegt hatten, die Gunst der Götter und besonders von Apollo für sich.)

7. Apollo-Optik: Apollo als Gott des Lichts ist der Namensgeber für Klarheit im Blick durch eine Brille oder Kontaktlinsen. – **Minerva Ebsco** als wissenschaftliche Buchhandlung macht sich die Göttin der Weisheit zunutze. – **Venus Gillette** hilft als Göttin der Schönheit den Frauen durch glatt rasierte Beine noch schöner zu werden. – **Juno-Electrolux** hat als Namensgeberin für ihre Herde und Backöfen Juno, die Schutzgöttin der Ehefrauen und des Hauses, gefunden. – **Penaten-Creme** zum Schutz der Babyhaut greift auf die Hilfe der römischen Schutzgötter, die für Haus und Hof zuständig sind, zurück.

LEKTION 19

1. his rebus – illi / illius viri – haec nomina – illam religionem – huic sorti – illae / illas noctes

2. Futurformen: peribunt – audiet – parabis – promittet – videbo – instrues – audietis – colentur
Perfektformen: ornavit – posuit – motus est – negavi – missus est – fuisti – terruisti
PPP-Formen: auctum – captum – excitatus – confecti – commota – instructa – missi
→ Lösung: Iuppiter Optimus Maximus

3. Cäsars Tod: **1.** Brutus et Cassius corpus **Caesaris interfecti** in Tiberim mittere volebant. (Brutus und Cassius wollten den Körper des getöteten Cäsar in den Tiber werfen.) **2. Amici** Caesaris **nece perturbati** eos prohibuerunt. (Die Freunde Cäsars, die von seinem Tod sehr verwirrt waren, hinderten sie daran.) **3.** Senatores autem iram **populi a Caesare semper adiuti** timebant. (Die Senatoren aber fürchteten den Zorn des Volkes, weil es von Cäsar immer unterstützt worden war.) **4.** Immo vero **Caesarem crudeliter necatum** ut deum coli decreverunt. (Ja sie beschlossen sogar, Cäsar, der auf grausame Weise getötet worden war, wie einen Gott zu verehren.) **5.** Quod amici Caesaris statim **populo hac nece perterrito** narraverunt. (Dies erzählten die Freunde Cäsars sofort dem Volk, das über diesen Mord sehr erschrocken war.) **6.** Imprimis Antonius **cives pecunia a Caesare donatos**

excitavit. (Besonders Antonius hetzte die Bürger auf, die von Cäsar mit Geld beschenkt worden waren.)

4. Hurra, Triumph! Et Paullus et Perseus rex multis copiis ad proelium convocatis imperaverant. Sowohl Paullus als auch König Perseus hatten viele Truppen befehligt, die sie zur Schlacht gerufen hatten. – Deinde autem **hic** copiis **illius** victus erat. Dann aber war dieser durch die Truppen von jenem besiegt worden. – Dum Romani **hunc** captum Romam ducunt, **ille** magnam praedam Romam duci iussit. Während die Römer diesen gefangen nach Rom führten, befahl jener, dass die große Beute nach Rom geführt würde. – Postquam nuntius regis capti in urbem pervenit, multi cives in viis stabant et **illum** exspectabant: Nachdem die Nachricht vom gefangenen König in die Stadt gelangt war, standen viele Bürger auf den Straßen und warteten auf jenen. – Nonnulli **hoc** dolebant, plerique victoria Paulli delectabantur. Einige bedauerten diesen, die meisten freuten sich über den Sieg des Paullus. – Nunc homines, qui triumphum spectant, victorem carminibus laudant. Nun loben die Menschen, die den Triumphzug anschauen, den Sieger mit Liedern. – Et imperator carminibus delectatus populo praeclarum spectaculum praebet. Und der Feldherr, der von den Liedern erfreut wird, bietet dem Volk ein prächtiges Schauspiel. – Captivi hostiumque praeda in **illo** triumpho ostenduntur. Die Gefangenen und die Beute von den Feinden werden in jenem Triumphzug gezeigt. – Cives clamant. Die Bürger rufen laut. **Horum** voces forum complent. Deren Stimmen erfüllen das Forum.

5.

EXKURS: Rom unter Augustus

1. **753 v. Chr.** Gründung Roms – **510 v. Chr.** Beginn der röm. Republik – **63 v. Chr.** Geburt des Gaius Octavius – **44 v. Chr.** Ermordung Cäsars – **42 v. Chr.** Schlacht bei Philippi – **31 v. Chr.** Seeschlacht bei Actium – **27 v. Chr.** Ehrentitel ‚Augustus' für Octavian – **14 n. Chr.** Tod des Augustus – **395 n. Chr.** Teilung in Ost- und Weströmisches Reich – **476 n. Chr.** Ende des Weströmischen Reiches

2. Beschreibung des Aussehens und der Haltung: Relativ junger Mann als Feldherr mit aufwändig gestaltetem Brustpanzer – ernster und würdevoller Gesichtsausdruck – sportliche Figur – rechter Arm im Gestus des Befehlens und richtungsweisend – (nach griech. Vorbild) ohne Schuhe – Stab (moderne Ergänzung) – Tunika unter dem Brustpanzer – Mantel um die Hüfte geschlungen – Mantel und Beinhaltung vermitteln Beweglichkeit und Lockerheit.
a) Venus, Apollo und Aurora: Venus als Göttin der Liebe und Urahnin des Augustus – Apollo als Gott der Künste und persönlicher Schutzgott des Augustus – Göttin der Morgenröte symbolisiert den Neubeginn **b)** zwei Frauen als Gallia und Hispania, ein Parther: stehen für unterworfene Völker
c) Saturn, Sol und Tellus: Saturn ist der Gott des Goldenen Zeitalters – Sol steht als Sonnengott für den Beginn des Tages und (wie Tellus) für der Beginn eines neuen Zeitalters
Gesamtaussage: Augustus als nicht nur militärisch erfolgreicher Herrscher, der (von den Göttern abstammend und begünstigt) für den Beginn eines neuen Zeitalters des Friedens, der Sicherheit und Tradition steht.

3. Octavian gelobte die Errichtung des Mars-Ultor-Tempels im Jahr 42 v. Chr. nach seinem Sieg über die Mörder seines Onkels Caesar. Der Tempel wurde im Jahr 2 v. Chr. geweiht. Mit dem Programm der Statuen ehrte Augustus u. a. die mythischen Gründer der Stadt und damit Begründer des Imperium Romanum und stellte sich selbst in diese lange Tradition.

4. Wenn man die Abkürzungen auflöst, lautet der Text der Inschrift: Senatus populusque Romanus imperatori Caesari divi filio Augusto consuli VIII dedit clupeum virtutis clementiae iustitiae pietatis erga deos patriamque.
„Senat und Volk von Rom haben dem Kaiser, Sohn des göttlichen (vergöttlichten) Cäsar, Augustus, in

seinem achten Konsulat diesen Schild wegen seiner Vortrefflichkeit, seiner Milde, seiner Gerechtigkeit und seinem Pflichtbewusstsein gegenüber den Göttern und dem Vaterland gegeben (geweiht)."

clementia	iustitia	**pietas**	virtus
Milde	Gerechtigkeit	Pflichtbewusstsein gegenüber Göttern, Eltern und Vaterland	Tugend, Tapferkeit, Tüchtigkeit, Vortrefflichkeit

5. „Schon wagen es die Treue, **der Frieden**, **die Ehre**, der einstige Anstand und die vernachlässigte **Tugend** zurückzukehren und die gesegnete **Fülle (Menge)** erscheint mit ihrem Füllhorn." (Horaz, Carmen saeculare 57-60)

Literaturhinweis: Paul Zanker: Augustus und die Macht der Bilder. München [3]1997.

LEKTION 20

1.

	Sg.	Pl.
Nom.	adiens *(m / f / n)*	laborantes
Gen.	currentis	timentium
Dat.	ignoranti	laudantibus
Akk.	orantem *(m / f)*, adiens *(n)*	laborantes
Abl.	studente	laudantibus

→ Lösung: Callisto

2. dea mota (PPP) – mulieres vocantes (PPA) – puellam fugientem (PPA) – feminae volantis (PPA) – illis accensis (PPP)

3. **a)** Türen, die sich von selbst bewegen → Automatiktüren **b)** Räder, die mit den Füßen bewegt werden → Fahrrad **c)** eine Maschine, die sich ohne Pferde selbst bewegt → Auto **d)** eine Maschine, die Schauspiele vergrößert → Fern-/ Opernglas **e)** eine Maschine, die Kleidung wäscht → Waschmaschine **f)** eine Maschine, die Worte wiederholt → Tonbandgerät, Diktiergerät **g)** eine Maschine, die bewegte Bilder zeigt → Fernseher

4. **Datum:** PPP von dare „geben" (das Gegebene) – **Tangente:** PPA von tangere „berühren" (das den Kreis Berührende) – **intelligent:** PPA von intellegere „erkennen" (der Erkennende / der, der erkennen kann) – **Rezept:** PPP von recipere „wiederbekommen" (das Wiederbekommene) – **Motor:** PPP von movere „bewegen" (das Bewegte; -tor für den Urheber) – **Respekt:** PPP von respicere „berücksichtigen" (das Berücksichtigte)

5. Solange ich atme, hoffe ich: **a) Echo** [vestigia eius semper **petens**] ab eo magis magisque amari cupiebat. Als Echo seine Spuren immer weiter verfolgte, wollte sie mehr und mehr von ihm geliebt werden. **b)** Narcissus eam [**adeuntem**] audit. Narcissus hört sie, als sie näher kommt. **c)** Narcissus **puellam** [verbum **repetentem**] quaerit. Narcissus sucht das Mädchen, das sein Wort wiederholt. **d) Narcissus** [nihil **videns**] dixit: „Quis adest?" Narcissus, der / als er nichts sah, sagte: „Wer ist da?" **e) Echo** [amore **ardens**] vocat (**Narcissum**) [**vocantem**]. Echo, die vor Liebe brennt, ruft Narcissus, der / als er auch gerade ruft. **f) Narcissus** [**fugiens**] clamat: „Veto corpus meum a te tangi!" Narcissus ruft, während er flieht: „Ich dulde nicht, dass mein Körper von dir berührt wird." **g)** Echo **a Narcisso** [**fugiente**] repulsa est. Echo wurde von dem fliehenden Narcissus abgewiesen.

6. Liebende sind wahnsinnig: **a) puellae** [**amanti**] (GZ) Echo: „Nichts ist schwierig für ein Mädchen, das liebt." **b) puellae** [**amantes**] (GZ) Narcissus: „Mädchen, die lieben, sind ohne Verstand." **c) puellis** [**amantibus**] (GZ) Echo: „Wer gibt Mädchen, die lieben, eine Bedingung / ein Gesetz vor?" **d) puellas** [amore **accensas**] (VZ) Narcissus: „Vor Mädchen, die in Liebe entflammt sind, fliehe ich immer." **e) puellae** [a te **repulsae**] (VZ) Echo: „Mädchen, die von dir zurückgestoßen wurden, dürfen nicht den Mut sinken lassen."

7. Einst gefiel Adonis, ein hübscher junger Mann, der Göttin Venus. In Liebe entflammt sagte sie: „Mein Herz, ich verbiete, dass du wilde Tiere im Wald fängst." Er sagte: „Gern verspreche ich, was (worum) du gebeten hast." Dennoch eilte er bald mit seinen Freunden auf der Jagd nach wilden Tieren in den Wald und traf einen riesigen Eber mit dem Jagdspieß. Dieser stürzte auf Adonis zu und verletzte ihn mit seinen Zähnen schwer. Nicht einmal Venus, die den Sterbenden fand, konnte den Armen retten. Jupiter aber, der den Schmerz seiner Tochter erkannte, duldete, dass Adonis jedes Jahr auf die Erde zurückkehrt. Die meisten glauben, dass aus dessen Blut eine Blume gewachsen ist, die den Namen Adonium (Adonisröschen) trägt.
Gemeinsamkeiten: Mythos mit einer Verwandlung, Liebesgeschichte, Beteiligung der Götter, trauriges Ende; die Frau liebt scheinbar mehr als der Mann.
Unterschiede: Echo verwandelt sich vor dem Geliebten; eine Göttin liebt einen Sterblichen.

LEKTION 21

1. **a) PPA:** videntes – errantium – respicientis – putantibus – imperanti – ignorantem – excitante / **PPP:** mandatis – moto – subiectum – solutas – liberata – commotis – missum – delecta – servatos / **Partizipien, die nicht im Ablativ stehen:** **v**(identes) – **e**(rrantium) – **r**(espicientis) – **i**(mperanti) – **s**(ubiectum) – **s**(olutas) – **i**(gnorantem) – **m**(issum) – **u** – **s**(ervatos) → Lösung: verissimus („der Wahrhaftigste", wegen seiner Wahrheitsliebe und philosophischen Neigungen)
b) Umwandlung der PPA-Formen: videntes → visi, visae, visa; visos, visas, visa – errantium → erratorum, erratarum – respicientis → respecti, respectae – putantibus → putatis – imperanti → imperato, imperatae – ignorantem → ignoratum, ignoratam – excitante → excitato, excitata
Umwandlung der PPP-Formen: mandatis → mandantibus – moto → movente – subiectum → subicientem, subiciens – solutas → solventes – liberata → liberans, liberante, liberantia – commotis → commoventibus – missum → mittentem, mittens – delecta → deligens, deligente, deligentia – servatos → servantes

2. **a)** orationibus in foro habitis **b)** imperatore philosophiam amante **c)** sententia Marci Aurelii cognita **d)** magistrum clamantem „O tempora!" **e)** adulescens patrem interrogans

3. **Caesare necato:** temporal / kausal → Nachdem / Weil Cäsar ermordet worden war, fürchteten die Senatoren den Zorn des Volkes. – **Dictatore necato:** konzessiv → Obwohl der Alleinherrscher ermordet worden war, war das Volk traurig.

4. **a)** falsch: ein Abl. abs. kann nicht mit „bevor" übersetzt werden (falsches Zeitverhältnis) **b)** richtig: im Abl. abs. kann auch das Satzsubjekt als handelnd gedacht werden **c)** falsch: der Abl. abs. stellt kein gleichzeitiges Zeitverhältnis dar **d)** falsch: oratione wird als Plural übersetzt **e)** richtig: die Übersetzung mit „weil" stellt hier eine passende Sinnrichtung dar **f)** falsch: ein Abl. abs. deutet keine Nachzeitigkeit an.

5. **a) accensa:** Nachdem (weil) Troja von den Griechen in Brand gesetzt wurde, fliehen die Menschen aus der Stadt. **b) docentes:** Cato vertrieb die Griechen aus Rom, weil sie Philosophie lehrten. **c) pulsis:** Nachdem (weil) die Griechen aus Rom vertrieben worden waren, war Cato zufrieden.

6. **a)** Clamore audito homines timent. Nachdem Geschrei gehört worden ist, haben die Menschen Angst. **b)** Consilio neglecto homines necantur. Weil der Rat nicht beachtet worden ist, werden die Menschen getötet. **c)** Consilio ab hominibus neglecto urbs relicta non est. Weil der Rat von den Menschen nicht beachtet worden war, ist die Stadt nicht verlassen worden. **d)** Narcisso fugiente Echo clamat. Weil Narzissus flieht, schreit Echo.

7. **a) Signo a deis dato:** Abl. abs. → Nachdem das Zeichen von den Göttern gegeben worden ist, verlassen die Menschen die Stadt. **b) ex aedificiis accensis:** PC → Die Menschen fliehen aus den angezündeten Gebäuden. **c) Narcisso fugiente:** Abl. abs. → Echo schreit, weil Narziss flieht. **d) Ira commota Cornelia:** PC / **aliis liberis tacentibus:** Abl. abs. → Voller Zorn schrie Cornelia, während die anderen Kinder schwiegen.

8. 1D – 2B – 3C – 4A – 5H – 6G – 7L – 8J

LEKTION 22

1. **errati:** Gen. Sg. *m / n* oder Nom. Pl. *m* des PPP von errare „irren" – **relinquentis:** Gen. Sg. *m / f / n* des PPA von relinquere „zurücklassen" – **commoto:** Dat. / Abl. Sg. *m / n* des PPP von commovere „bewegen" – **corruptorum:** Gen. Pl. *m / n* des PPP von corrumpere „verderben" – **resistentes:** Nom. Pl. *m / f* des PPA von resistere „Widerstand leisten" – **parentes:** Nom. Pl. *m / f* des PPA zu parere „gehorchen" – **pulsis:** Dat. / Abl. Pl. *m / f / n* des PPP zu pellere „schlagen, vertreiben" – **faciente:** Abl. Sg. *m / f / n* des PPA zu facere „machen"

2. **a-Dekl.** curarum (curae), lacrimas (lacrimam), tabularum (tabulae), undas (undam), fabulis (fabulae, fabula), piratam (piratas) – **o-Dekl.** dono (donis), membra (membrum), flagitii (flagitiorum), anno (annis), vestigium (vestigia), templi (templorum) – **3. Dekl.** partem (partes), equitis (equitum), facinori (facinoribus), iuvenis (iuvenes, iuvenum), custodis (custodum), dolori (doloribus), lege (legibus) – **e-Dekl.** rebus (rei, re), spem (–), diem (dies) – **u-Dekl.** manu (manibus), exercituum (exercitus)

3. **a)** Hoc proelio facto Caesar exercitum in urbem duxit. Nach Beendigung dieses Kampfes führte Cäsar sein Heer in die Stadt. **b)** His rebus confectis Caesar exercitum in urbem duxit. Nach Beendi-

gung dieser Aufgaben führte Cäsar sein Heer in die Stadt. **c)** His rebus cognitis Caesar consilium cepit. Nach Bekanntwerden dieser Vorfälle fasste Cäsar einen Plan. **d)** His nuntiis acceptis Caesar consilium cepit. Nach dem Empfang dieser Nachrichten fasste Cäsar einen Plan.

4. a) reditu legatorum nuntiato: nachdem die Rückkehr der Gesandten gemeldet worden war **b)** legatis de consiliis hostium narrantibus: während die Gesandten über die Pläne der Feinde erzählten **c)** pace ab hostibus non impetrata: weil bei (von) den Feinden kein Frieden erreicht worden war **d)** imperatore invito: gegen den Willen des Feldherrn **e)** hostibus accedentibus: als die Feinde herankamen **f)** multis militibus occisis: obwohl viele Soldaten getötet worden waren

5. a) Weil die Feinde heftig Widerstand leisteten ... / Wegen des heftigen Widerstands der Feinde rückten die Römer nicht viel vor. / Die Feinde leisteten heftig Widerstand und deshalb rückten die Römer nicht viel vor. **b)** Nachdem der Berg erobert worden war ... / Nach der Eroberung des Berges flohen die Feinde schließlich. / Der Berg wurde erobert und dann flohen die Feinde schließlich. **c)** Obwohl viele Männer verloren worden waren ... / Trotz des Verlusts vieler Männer baten die Feinde dennoch nicht um Frieden. / Es wurden viele Männer verloren und trotzdem baten die Feinde nicht um Frieden. **d)** Weil die Not der Soldaten wuchs ... / Wegen der wachsenden Not der Soldaten hörte der Anführer der Feinde auf, Widerstand zu leisten. / Die Not der Soldaten wuchs und deshalb hörte der Anführer der Feinde auf, Widerstand zu leisten.

6. a) Oe-di-pus **b)** Cre-on **c)** Is-me-ne **d)** The-bae **e)** E-te-o-cles **f)** Po-ly-ni-ces

7. a) Polynice – Während Polyneikes Theben verließ, rüstete sein Bruder Eteokles Truppen aus. **b) proelio** – Kurz darauf kehrte Polyneikes mit einem Heer zurück und weder Eteokles noch Polyneikes war Sieger, nachdem die Schlacht geschlagen worden war. **c) fratribus** – Nachdem die Brüder getötet worden waren, stand Eteokles bei Kreon, dem neuen König, in großer Ehre, dem Polyneikes aber verweigerte Kreon ein Grab. **d) Creonte** – Aber Antigone gab gegen den Willen Kreons auch Polyneikes ein Grab.

8. Nachdem das Orakel von Delphi befragt worden war, wollte Lajos, der König von Theben, gegen den Willen seiner Ehefrau Jokaste, keine Kinder haben. Vom Orakel hatte er nämlich gehört, dass sein eigener Sohn den Vater töten wolle. Dennoch gebar Jokaste einen Jungen, den ein Sklave auf Veranlassung des Lajos in den Wald brachte und dort allein zurückließ. Aber nachdem der Junge vom König von Korinth aufgenommen und Ödipus genannt worden war, war er zufrieden bei seinen neuen Eltern. Als einige Bürger an der Abstammung des Ödipus zweifelten, ging der junge Mann zum Orakel und suchte die Wahrheit (das Wahre). Nach dem Erhalt einer schlechten Nachricht kehrte jener nicht zu seinen Eltern zurück und kam nach der Tötung eines unbekannten alten Mannes ins Königreich Theben. Dort wurde ihm nach der Lösung des Rätsels der Sphinx Jokaste zur Ehefrau gegeben.

TESTE DICH SELBST: Philosophie & Co.

1. a) – b) hic clamor (Geschrei) ⟷ silentium (Ruhe, Stille) – hic dolor (Schmerz) ⟷ gaudium (Freude) – hic homo (Mensch) ⟷ deus (Gott) – haec mors (Tod) ⟷ vita (Leben) – hoc bellum (Krieg) ⟷ pax (Friede)

2. Cognosce te ipsum. Erkenne dich selbst. – Ubi bene, ibi patria. Wo es schön ist, dort ist die Heimat. – Per aspera ad astra. Durch Raues zu den Sternen. (Auf schwierigen Wegen zur Vollkommenheit.) – Fortibus fortuna adest. Den Tapferen steht das Schicksal bei. – Nemo ante mortem beatus est. Niemand ist vor seinem Tod glücklich. (Niemand darf vor seinem Tod wirklich glücklich genannt werden.) – Omnia mea mecum porto. Meinen ganzen Besitz trage ich bei mir. – Manus manum lavat. Eine Hand wäscht die andere. – Barba non facit philosophum. Ein Bart macht noch keinen Philosophen. – Multum, non multa. Viel, nicht vielerlei.

3. a) Diogenes „lebte wie ein Hund“ und war berühmt für seine Bedürfnislosigkeit, z. B. verzichtete er auf Besitz und lebte in einem Fass. Diogenes war außerdem „bissig wie ein Hund“ und viele Anekdoten berichten von seiner Schlagfertigkeit und gedanklichen Unabhängigkeit, z. B. im Gespräch mit Alexander dem Großen oder in der Bezeichnung als „Weltbürger“.
b) Der erfolgreiche Feldherr Alexander der Große begegnete dem in der Sonne sitzenden Diogenes und wäre bereit gewesen, dem Philosophen jeden Wunsch zu erfüllen. Diogenes antwortete aber

unerwartet, dass er sich nur wünsche dass Alexander aus der Sonne geht. Offensichtlich warf dieser durch seine Position gerade Schatten auf Diogenes.
c) AcI-Auslöser (Akkusativ, Infinitiv): constat (Diogenem, possedisse et vixisse) – respondit (nullam urbem, patriam esse) – respondit (se ipsum, civem esse) – **PC (PPP) mit Bezugswort:** [Diogenes] ... risus – Alexander Magnus ... victus – **PC (PPA) mit Bezugswort:** puerum ... bibentem – Diogenem ... sedentem – **Ablativus absolutus:** Atheniensibus dolium ridentibus – his verbis auditis

4. **a)** richtig **b)** falsch (Wasser) **c)** falsch (Tod im Gefängnis durch Schierlingsbecher) **d)** richtig **e)** falsch („Lebe im Verborgenen!")

EXKURS: Die Anfänge des Theaters in Griechenland

2. A III – B IV – C II – D I

LEKTION 23

1. **a) longioribus:** Dat. / Abl. Pl. *m / f / n*, Adjektiv im Komparativ (lang) – **celerrime:** Adverb im Superlativ (schnell) – **feliciorem:** Akk. Sg. *m / f*, Adjektiv im Komparativ (erfolgreich, Glück bringend, glücklich) – **difficillima:** Nom. / Abl. Sg. *f* oder Nom. / Akk. Pl. *n*, Adjektiv im Superlativ (schwierig) – **miserius:** Nom. / Akk. Sg. *n* Adjektiv im Komparativ oder Adverb im Komparativ (arm, erbärmlich, unglücklich) – **pulchriorum:** Gen. Pl. *m / f / n*, Adjektiv im Komparativ (schön) – **fortissimo:** Dat. / Abl. Sg. *m / n*, Adjektiv im Superlativ (tapfer, kräftig) – **Übrige Wörter:** bellorum – aspicior – supplicio – ipsius – unius – munitione → Lösung: basium
b) longis → **longioribus** → longissimis | celeriter → celerius → **celerrime** | levem → **leviorem** → levissimum, am | difficilis, difficili → difficilior, difficiliore → **difficillima** *oder* difficilia → difficiliora → **difficillima** | miserum → **miserius** → miserrimum *oder* misere → **miserius** → miserrime | pulchrarum, orum → **pulchriorum** → pulcherrimarum, orum | forti → fortiori, fortiore → **fortissimo**

2. supplicium grave (Nom. / Akk. Sg. *n*) → supplicia gravia (Nom. / Akk. Pl. *n*) – cum fortiore hoste (Abl. Sg. *m*) → cum fortioribus hostibus (Abl. Pl. *m*) – equis melioribus (Dat. Pl. *m* / Abl. Pl. *m*) → equo meliori (Dat. Sg. *m*) / equo meliore (Abl. Sg. *m*) – navis ingentior (Nom. Sg. *f*) → naves ingentiores (Nom. Pl. *f*)

3. **a)** Ihr wisst, dass der Gott Merkur ziemlich schnell ist. **b)** Wegen der angelegten Waffen ist Mars tapferer als Apollo. **c)** Ich glaube, dass Venus die schönste von allen Göttinnen ist. **d)** Die meisten nennen Juno die überaus ehrenhafte Frau des Jupiter. **e)** Niemand ist mächtiger als Jupiter.

4. **Junger Mann:** Kein Mädchen ist schöner als du! – Du bist schöner als Venus selbst! – Ich liebe dich mehr als meine Mutter! – Liebste, komm mit mir! – **Junge Frau:** Ich bin glücklicher als alle Götter! – Ich liebe dich gegen den Willen meines furchtbar grausamen Vaters! – Wie schön du bist, mein Freund! – Ich habe niemals einen stärkeren Mann als dich gesehen!

5. **a) ceteris Troianis:** Die Schriftsteller erzählen, dass Äneas tapferer als die übrigen Trojaner war. **b) quam is vir:** Niemand nämlich gehorchte den Befehlen der Götter schneller als dieser Mann. **c) quam Didonem:** Zugleich machte die Tüchtigkeit des Äneas niemanden trauriger als Dido, die jener verlassen hatte. **d) morte:** Denn Dido hielt ihr Schicksal für grausamer als den Tod.

6. **a)** Gegen Dido zeigte sich Äneas allzu überheblich, weil er jene auf ziemlich unanständige Art verließ. **b)** Jene glaubte, dass ihr Schicksal furchtbar grausam sei. **c)** Denn sie fühlte überaus heftigen Schmerz, als sie von Äneas in Windeseile verlassen wurde.

7. Nachdem Troja in Brand gesetzt worden war, kam Äneas auf der Suche nach einem neuen Wohnsitz nach Karthago, wo Dido, eine wunderschöne Frau, die Königsherrschaft innehatte. Nachdem die Gäste überaus freundschaftlich aufgenommen worden waren, bereiteten die Punier zu Ehren des Äneas und der Trojaner ein öffentliches Gastmahl vor. Während Äneas vom Unglück der Seinen (seiner Leute) erzählte, wurde Dido von Liebe zu jenem ergriffen. Sie hatte nämlich (noch) keinen Mann kennengelernt, der tapferer als der Trojaner war. Auch Äneas hielt Dido für überaus schön und ehrenhaft und wünschte sie möglichst schnell allein zu sehen. Und in Liebe entflammt lebten Äneas und Dido glücklich, bis jener sich als ziemlich grausam zeigte und die geliebte Frau wegen eines Götterspruches verließ.

8. a) Opfer vor dem Altar des **Zeus** (nicht: Ares) – **Sieben** (nicht: Zwölf) Weltwunder – Olympiade bezeichnet einen Zeitraum von **vier** (nicht: fünf) Jahren – **Boxen** (nicht: Kickboxen) – Siegeskranz aus **Ölbaumzweigen** (nicht: Lorbeerzweigen) – Eroberung Griechenlands durch die Römer: 148 **v.** Chr. (nicht: 148 n. Chr.) – Die ersten Olympischen Spiele der Neuzeit fanden in **Athen** (nicht: Berlin) statt.
b) Gemeinsamkeiten: Eventcharakter, Wertschätzung der Athleten, Missbrauch wie Doping oder Terrorismus (vgl. Frieden bzw. Olympischer Waffenstillstand für die Dauer der Spiele) – **Unterschiede:** religiöse Zeremonien, Winter- und Sommerspiele, wechselnde Austragungsorte, Anzahl der Sportarten, Kommerzialisierung, Frauen heute gleichberechtigt in den meisten Sportarten vertreten.

LEKTION 24

1. portaveram (portaveramus) → tuleram (tuleramus) / **portavi** (portavimus) → tuli (tulimus) / **porto** (portamus) → fero (ferimus) / **portabam** (portabamus) → ferebam (ferebamus) / **portantes** (portans) → ferentes (ferens) / **porta** (portate) → fer (ferte)

2. ferebam (ich trug) → ferebar (ich wurde getragen) / **auferet** (er, sie, es wird rauben) → auferetur (er, sie, es wird geraubt werden) / **afferre** (herbeibringen) → afferri (herbeigebracht werden) / **lati sumus** (wir sind getragen worden) → tulimus (wir haben getragen) / **tuleramus** (wir hatten getragen) → lati eramus (wir waren getragen worden) / **attulerunt** (sie haben herbeigebracht) → allati, ae, a sunt (sie sind herbeigebracht worden) → Lösung: Malaria

3. curas – **leges** – **exempla** – **iniuriam** – **turbam** – **orationem** – **servitutem** → Lösung: Kleitos

4. a) R **b)** O **c)** X **d)** A **e)** N **f)** E → Lösung: Roxane

5. Beim steinernen Jupiter schwören: **a) magna virtute:** Alexander war ein Anführer mit großer Tapferkeit. Alexander war ein sehr tapferer Anführer. **b) incredibili potentia:** Alexander war auch ein Mann mit unglaublicher Macht. **c) maiore ingenio:** Wir wissen, dass Alexander auch ein Feldherr mit ziemlich großer Begabung war. **d) summo honore:** Alexander, ein König von höchster Ehrenhaftigkeit, hatte ein riesiges Herrschaftsgebiet. **e) maxima virtute:** Auch seine Soldaten waren von sehr großer Tapferkeit. Auch seine Soldaten waren sehr mutig. **f) mirae magnitudinis:** Deshalb regierte er, nachdem er seine Soldaten gegen die Perser und andere Völker geführt hatte, ein Reich von erstaunlicher Größe.

6. Angenehm sind die erledigten Arbeiten: Alexander, der berühmteste aller Könige von Makedonien, beschloss in Erinnerung an das Unrecht der Perser deren Reich von unglaublicher Größe zugrunde zu richten. Deshalb überschritt er, nachdem ein großes Heer zusammengebracht worden war, den Hellespont und befreite nicht nur Ephesos und Milet, griechische Kolonien, sondern auch andere Gebiete von der Herrschaft der Perser. Nachdem viele Schlachten geschlagen worden waren, marschierte Alexander als Sieger nach Ägypten. Dieser König von herausragendem Talent besiegte Ägypten in kürzester Zeit. Obwohl Alexander die größte Macht besaß, wollte er das sehr berühmte Orakel des Gottes Hammon befragen. Nach einer Reise von vielen Tagen betrat Alexander den Tempel des Hammon. Dort wurde er Sohn des Jupiter genannt. Weil er dies gehört hatte, vergaß er sein eigenes Schicksal und nahm diesen Namen wirklich an. Denn niemand wollte so viel Ruhm ernten wie Alexander.

7. 1 Babylon **2** Euripides **3** Sokrates **4** Ephesos **5** Olympia **6** Athen **7** Pergamon **8** Philipp **9** Homer **10** Alexandria → Lösung: Bukephalos

LEKTION 25

1. ca**p**eret – vol**u**issent – fe**r**retis – exs**p**ectarem – prohib**u**issemus – respond**er**es – a**s**piceret – s**c**ivissetis – repre**h**enderem – **n**ecavissent – abstulisses – f**e**cissemus – cu**c**urrisset – aver**t**erem → Lösung: Purpurschnecke

2. O wie schön ist meine Stadt! Thermae nostrae **maiores** sunt quam vestrae. – Hic pons **longior** est quam pontes Romae. – Nobis **plura** templa sunt. – Basilica nostra **amplior** est. – Nobis Circus **maximus** est. – Sed nobis thermae **pulcherrime** ornatae sunt. – In urbe Roma **plurimae** tabernae sunt. – Sed nobis vinum **optimum** est.

3. Si dives fuissem, ... **a)** in lectica **portatus essem**. **b)** iter maximum **fecissem**. **c)** mihi maximae aedes **fuissent**. **d)** mea familia vestibus pulcherrimis **ornata esset**.

4. Wenn Titus weniger trinken würde, ... Titus grüßt seine Anna! Ich schreibe dir aus dem Kerker, beste und schönste Anna. „Warum bist du im Kerker? Was ist geschehen?“ würdest du fragen, wenn du mich sehen würdest. Ich werde dir alles sagen: Dass ich mich in Clodia verliebt habe, weißt du ja. Wenn Clodia frei wäre, wäre ich nicht so unglücklich. Aber Clodia ist die Ehefrau von Quintus, meinem besten Freund, wie du weißt ... Deshalb bin ich immer im Wirtshaus, wo ich ein unglückliches und trauriges Leben führe und viel Wein trinke. Gestern aber haben mich zwei Soldaten, weil ich zu sehr schrie und weinte, aus dem Gasthaus hinausgeworfen. Darauf irrte ich allein und traurig in tiefer Nacht durch die Straßen von Rom, als ich plötzlich vor den Thermen eine Sänfte sah, die mit Gold und Silber geschmückt war. Die Sklaven, die die Sänfte bewachten, sah ich nicht. Ich sagte bei mir: „Wenn ich hier schlafen würde, müsste ich nicht mehr nach Hause gehen!“ Oh Anna, ich war so müde! Ich hörte mich selbst mit lauter Stimme sagen: „Geh hinein, Freund, diese schöne und weiche Sänfte erwartet dich. Wenn du nicht gekommen wärest, würde niemand hier schlafen. Geh hinein, Freund!“ Daher ging ich hinein und wurde sofort vom Schlaf übermannt. Bei Tagesanbruch kehrten die Wächter der Sänfte, die im Gasthaus gewesen waren, zurück, sahen mich, ergriffen mich und brachten mich in den Kerker. Nun liege ich hier und denke: „Wenn ich nicht diesen Wein getrunken hätte, wäre ich nicht so müde gewesen! Wenn ich die Sänfte sorgfältiger beobachtet hätte, hätte ich die Wächter gesehen! Wenn ... wenn ... wenn ...!“ Dann sage ich bei mir: „Wenn du nicht meine Freundin wärest, würde ich dies nicht schreiben! Ohne dich würde ich zugrunde gehen!“ Anna, komm und befreie mich Unglücklichen!

5. In Augusta Treverorum, dem heutigen **Trier**, ... / ... es herrschte gerade der Kaiser **Konstantin** ... / ... vom Amphitheater an der **Stadtmauer** entlang ... / ... aus dem **frigidarium**, dem Kaltbad, ... / ... Denare (**Silbermünzen**) ... / dem Sportplatz, der **palaestra**, ... / ... eine strigilis, ein neues **Schabeisen**, ... / ... eine schön bestickte tunica, ein Unterkleid, ... / ... eine Weinhandlung (**taberna**) ...

2. a) **conferre**, confero (vergleichen, zusammentragen) b) **posse**, possum (können) c) **auferre**, aufero (rauben, wegbringen) d) **interesse**, intersum (dazwischen sein, teilnehmen an) e) **abire**, abeo (weggehen) f) **inire**, ineo (hineingehen, beginnen)

3. a) **divitior**: Wer war reicher als Krösus? b) **clarius**: Welches Gebäude ist berühmter als das Kolosseum? c) **graviorem**: In dieser Schlacht erlitt der Feldherr eine ziemlich schwere Niederlage.

4. a) Die Schriftsteller erzählen, dass Herkules ein Mann von größter Tapferkeit gewesen ist. (Abl. der Beschaffenheit) b) Die Freunde freuen sich immer über schöne Geschenke. (Abl. des Grundes) c) Die Germanen kämpften an diesem Ort mit den Römern. (Abl. des Ortes) d) Das römische Heer konnte die Bürger aus der Gefahr befreien. (Abl. der Trennung) e) Die Botschaft wurde dem Kaiser schneller als ein Pfeil gemeldet. (Ablativ des Mittels)

5. a) Dieser Laden gehört dem Kaufmann Quintus. (Gen. der Zugehörigkeit) b) Epikur war ein Philosoph von höchster Begabung. (Gen. der Beschaffenheit) c) Die Gefangenen hatten keine Hoffnung auf Rettung mehr. (Gen. obiectivus) d) Die Angst der gefangenen Bürger war groß. (Gen. subiectivus) e) Die Bürger hatten keine Nahrung (mehr). (Gen. partitivus)

6. a) Die Gallier hätten das Kapitol eingenommen, wenn die Gänse Manlius nicht aus dem Schlaf geweckt hätten. b) Wenn die Soldaten tapfer kämpften, würden die Frauen und Kinder nicht in die Sklaverei geführt. c) Wenn Jupiter, jedes Mal wenn die Menschen Verbrechen begehen, Blitze schicken würde, wäre er schnell ohne Waffen.

7. 1b – 2d – 3e – 4c – 5a

8. 1. Die Provinz Syria ist am weitesten entfernt.
2. Die genannten Titel stehen im Dativ, da der Ehrenbogen „für den Kaiser, dem Kaiser“ errichtet wurde.
3. a) imperator b) consul c) Augustus d) filius

TESTE DICH SELBST: Unterwegs mit Pertinax

1. fert → **fertur** / **ferebamus** → ferebamur / tulisti → **latus es** / **tuleratis** → lati eratis / feremini → **feretis** / **tulisse** ← latum esse

LEKTION 26

1. a) gereres b) iusserunt c) confectus sim d) condiderat e) appellabimini f) consuluerimus

2. a) adduxi (ich habe herangeführt) → adducam (Präs.) → adducerem (Impf.) → adduxerim (Perf.) → adduxissem (Plusqpf.) – **b) afferes** (du bringst herbei, meldest) → afferas (Präs.) → afferres (Impf.) → attuleris (Perf.) → attulisses (Plusqpf.) – **c) deficiebant** (sie ermatteten) → deficiant (Präs.) → deficerent (Impf.) → defecerint (Perf.) → defecissent (Plusqpf.) – **d) pepercimus** (wir haben geschont, gespart) → parcamus (Präs.) → parceremus (Impf.) → pepercerimus (Perf.) → pepercissemus (Plusqpf.) – **e) aditis** (ihr tretet heran) → adeatis (Präs.) → adiretis (Impf.) → adieritis (Perf.) → adissetis (Plusqpf.)

3. Vor der Schlacht: **a)** Vercingetorix Gallos monet, **ut** fortiter cum Romanis **contendant**. **b)** Caesar a militibus poscit, **ut resistant** et libertatem civium Romanorum **servent**. **c)** Milites Martem deum orant, **ut** Romanis victoriam pro virtute **donet**. **d)** Galli a Romanis postulant, **ut** e Gallia **fugiant**.

4. Im Lager: Miles ad suos scribit: „Cupio, **ne** nimis curis conficiamini; nam condicio nostra melior est quam antea. Ein Soldat schreibt an die Seinen: „Ich wünsche (mir), dass ihr nicht allzu sehr von Sorgen gequält (*wörtlich* fertig gemacht) werdet; denn unsere Lage ist besser als früher. – Ille, qui castris praeest, vir summo ingenio est et bene nobis consulit. Jener, der unser Lager leitet, ist ein Mann von höchster Begabung und sorgt gut für uns. – **Cum** vita militum laborum plena sit, tamen nunc pericula non instant, **cum** barbari novis rebus non studeant. Obwohl das Leben der Soldaten voll Anstrengungen ist, stehen jetzt dennoch keine Gefahren bevor, da die Barbaren nicht nach Umsturz streben. – Antea timor militum tantus erat, **ut** omnes de salute iam desperarent. Vorher war die Furcht der Soldaten so groß, dass alle schon die Hoffnung auf Rettung aufgaben. – Tum castra nostra etiam capta sunt, **cum** nunc hostes quiescant. Damals wurde unser Lager auch erobert, während jetzt die Feinde ruhen. – Haec vobis scribo, **ut** me valere sciatis." Dies schreibe ich euch, damit ihr wisst, dass ich gesund bin."

5. a) PC: omnibus [ab imperatore auxilium petentibus] – **Abl. abs.:** finibus ... auctis – **Abl. abs.:** occiso rege – **AcI:** iubet milites ... pugnare – **AcI:** persuasum est nullum principem feliciorem ..., nullum ... meliorem ... fuisse.

Kaiser Trajan verwaltet den Staat so, dass er andere führende Männer übertrifft. Er ist von unglaublichem Pflichtbewusstsein und unglaublicher Tapferkeit. Allen gegenüber zeigt er sich gerecht, allen, die vom Kaiser Hilfe erbitten, hilft er. Nachdem er die Grenzen des römischen Reiches weit ausgedehnt hat, gründet er Städte, die am Rhein in Germanien gelegen sind. Er unterwirft die Provinz Dakia, die an der Donau liegt. Armenien, das die Parther besetzt hatten, bekam er wieder zurück, nachdem er den König getötet hatte, der dies besetzt hielt. Er rückte bis an die Grenzen Indiens und zum Roten Meer vor und schuf dort drei Provinzen: Armenien, Assyrien und Mesopotamien. Am Roten Meer setzte er eine Flotte ein, um mit deren Hilfe die Grenzen Indiens beobachten zu können. Trotzdem schont er stets die Unterworfenen; die Guten werden von ihm hoch geschätzt. Er sorgt dafür, dass den Beamten das Wohl der Bürgerschaften am Herzen liegt; er befiehlt den Soldaten für den Ruhm und die Größe des Reiches mit Tapferkeit zu kämpfen. Deshalb wissen die Römer, dass kein Princeps glücklicher als Augustus, keiner besser als Trajan gewesen ist.

b) Pflichtbewusstsein (pietas), Tapferkeit (virtus), Hilfsbereitschaft, Eroberungswillen und Gerechtigkeit.

c) Dacia (Rumänien), Armenia (Armenien), Assyria (Irak), Mesopotamia (Irak)

d) Trajan gründet um 110 n. Chr. am unteren Niederrhein die deutsche Stadt **Xanten**, die ihren Namen aus dem frühchristlichen ad Sanctos („bei den Heiligen") herleitet, und bei den Römern Colonia Ulpia **Traiana** hieß.

LEKTION 27

1. PPP: actus – provisus – laudatus – demonstratus – conspectus – scriptus – auditus – **PFA:** acturus – provisurus – laudaturus – demonstraturus – conspecturus – scripturus – auditurus → Lösung: Colonia

2. 1c: die besiegten Soldaten – **2d:** des gelesenen Buches – **3f:** Mädchen, die zurückkehren werden – **4a:** dem Feldherrn, der siegen wird – **5e:** den Jungen, der weggeht – **6g:** des Bruders, der bitten wird – **7b:** durch die erwartete Angelegenheit → Lösung: Claudia

3. Ara

4. a) Lucius sagte seiner Mutter, dass er viele Briefe schreiben werde. **b)** Und tatsächlich hat er oft vor,

Briefe zu schreiben: **c)** Gerade im Begriff, einen Brief zu schreiben, geht er in die Stadt hinunter, gerade im Begriff, einen Brief zu schreiben, kauft er Speisen ein, gerade im Begriff, einen Brief zu schreiben, kehrt er nach Hause zurück und bereitet das Abendessen vor. **d)** In tiefer Nacht schläft er nicht, sondern denkt an seine Heimat und an seine Mutter. **e)** Daher ist er sogar in tiefer Nacht im Begriff, einen Brief zu schreiben, aber er schreibt ihn nie!

5. Obwohl die Mutter von Lucius an sehr großen Schmerzen leidet, erträgt sie ihre Krankheit tapfer. Häufig geht sie zu ihrem Freund Quintus, der ein guter Arzt ist. Obwohl dieser aber den Tod von Lucius' Mutter voraussieht, sagt er doch niemals, dass sie sterben wird. Deshalb hofft die Mutter, dass sie bald nach Germanien reisen und Lucius' Ehefrau sehen wird. Eines Tages sieht die Mutter von Lucius im Tempel ein Mädchen, das sagt, dass es die Zukunft sieht. Nachdem Lucius' Mutter von dieser Sache erfahren hat, befragt sie guten Mutes das Mädchen über ihr Schicksal, aber sie hört nichts Gutes. Nachdem sie die harten Worte gehört hat, stürzt sie sich sofort auf das Mädchen und schreit: „Ich werde nach Germanien reisen, um meinen Sohn zu sehen!" und geht aus dem Tempel hinaus. Zornentbrannt sucht sie ihren Freund Quintus auf, dem sie sagt: „Dass ich bald sterben werde, wusstest du genau! Als eine, die im Begriff ist zu sterben, verabschiede ich mich von dir – ich werde sofort nach Germanien reisen! Du – leb wohl!"

6. Anfeuern: **a) Hortativ:** Lasst uns heute das Lager der Germanen angreifen und alle Feinde töten! **b) Optativ** (erfüllbarer Wunsch der Gegenwart): Mögen wir den Tod nicht fürchten und auch nicht fliehen! **c) Jussiv:** Die Germanen sollen fliehen! **d) Hortativ:** Lasst uns die Germanen besiegen! **e) Optativ** (erfüllbarer Wunsch der Gegenwart): Möge Jupiter uns helfen! **f) Prohibitiv:** Fürchtet die Feinde nicht!

7. Die Geschichte Kölns beginnt ... mit der Entscheidung des Kaisers ~~Nero~~ **Augustus** ..., eine neue Stadt zu gründen: die Hauptstadt der Provinz Germania, die von dem heutigen ~~Spanien~~ **Frankreich** ... östlich bis zur ~~Wolga~~ **Elbe** reichte. Sofort wurde mit ... der Errichtung der Residenz des Statthalters, des ~~Tabulariums~~ **Praetoriums**, begonnen. Nach der Niederlage des ~~Pilatus~~ **Varus** 9 n. Chr. zogen sich die römischen Truppen auf die Rheingrenze zurück. Um 50 n. Chr. wurde es von Kaiser Claudius ... zu einer Kolonie ... und führte fortan den Namen **Colonia Claudia Ara Agrippinensium**.

LEKTION 28

1. vorhandene Gerundium-Formen: tegendo – providendum – subiciendi – parendo – reprehendendo | **neu zu bildende Formen des Gerundiums im Abl.:** condendo – vendendo – incendendo – respondendo – accendendo – contendendo – ostendendo – conducendo – defendendo – descendendo – vindicando

2. a) Es gibt keinen Grund für dich, dich zu fürchten. Du hast keinen Grund dich zu fürchten. **b)** Mädchen haben immer irgendeinen Grund zu lachen. **c)** Ohne Grund hältst du mich vom Arbeiten ab. **d)** Welchen Grund führst du an, ein Verbrechen zu begehen?

3. a) multos libros legendo: Claudius und Berengar werden durch das Lesen vieler Bücher erfreut. **b) de bene legendo:** Also unterhalten sie sich oft über gutes Lesen. **c) bene legendi:** Berengar unterrichtet Claudius in der Kunst gut zu lesen. **d) ad docendum:** Denn Berengar ist zum Lehren geboren. **e) scribendi:** Die Absicht zu schreiben hält Claudius viele Stunden in seiner Zelle. **f) nihil scribendo:** Denn Berengar sagt immer: „Dadurch, dass du nichts schreibst, lernst du schlecht zu schreiben!" **g) nova audiendi:** Außerdem ist Claudius immer begierig, Neues zu hören. **h) omnia cognoscendi:** Diese Begierde alles zu erfahren bereitet auch Berengar Freude. **i) ad discendum:** Claudius ist immer bereit zu lernen.

4. a) um eine Stadt zu gründen **b)** beim Verteidigen der Heimat **c)** durch das Errichten von Tempeln **d)** beim Betrachten der Freunde **e)** um diese Dinge festzusetzen

5. a) Gerundivum: Die Bücher der Philosophen müssen gelesen werden. **b) Gerundivum:** Ich weiß nämlich gewiss: Durch das Lesen philosophischer Bücher werde ich unterrichtet, ... **c) Gerundium:** ... aber immer wenn ich den Plan fasse, Bücher zu lesen, ... **d) Gerundium:** ... habe ich keine Zeit zum Lesen.

6. Petrarca: Später zeigten mir dieselben Führer, mit denen ich schon vorher zusammengekommen war, die Stadt. Dies war für mich überaus angenehm, nicht so sehr aufgrund dessen, was mir vor Augen war, als durch Erinnerung an unsere Vorväter, weil sie so weit entfernt von ihrer Heimat so große Denkmäler römischer Leistung hinterlassen hatten, wie ich sie dort sehen konnte. Ich sah in der Stadt einen wunderschönen Tempel (Kirche), der mit bestem Recht als der (die) höchste bezeichnet werden kann. Dieser (Diese) gefiel mir nicht weniger als die Körper der Heiligen Drei Könige, die dort aufbewahrt werden. Dadurch dass ich mir in Köln sehr vieles ansehe, kann ich nun deinem Befehl, Vater, gehorchen. Von den vielen Dingen, die du mir, als ich wegging, aufgetragen hattest, behielt ich nichts besser in Erinnerung als das, dass ich aus den Gegenden, die ich besuchen würde, dir Briefe schreiben sollte. Ich habe versprochen, dass ich dies tun würde. Deshalb will ich dir viele Briefe schicken.

TESTE DICH SELBST: Finale

1. Substantive und mehr ...

a) **1.** falsch → „der Stimme“ – **2.** richtig – **3.** falsch: → „der Treue“ – **4.** falsch: → „dem Beamten“ – **5.** richtig

b) **1.** regem superbum: den stolzen König **2.** diei pulchro: dem schönen Tag **3.** urbis magnae: der großen Stadt **4.** piratas crudeles: die grausamen Piraten **5.** milite forti: durch den tapferen Soldaten

c) multi amici – plures amici – plurimi amici / consilio bono – consilio meliori – consilio optimo / re facili – re faciliore – re facillima / templi magni – templi maioris – templi maximi / naves celeres – naves celeriores – naves celerrimae (-as)

2. Verben und mehr ...

4-5-10-12-15-18 = auditis: ihr hört / **3-7-11-12-16-17** = mittetur: er (sie, es) wird geschickt werden / **4-6-10-13-15-17** = audires: du würdest hören / **1-8-10-12-14-18** = laudavimus: wir haben gelobt / **2-9-11-12-15-18** = visi eratis: ihr wart gesehen worden / **3-6-11-13-16-17** = mitteretur: er (sie, es) würde geschickt werden / **4-5-10-12-14-17** = audio: ich höre / **2-7-11-12-15-18** = videbimini: ihr werdet gesehen werden / **1-9-11-13-16-17** = laudatus esset: er wäre gelobt worden / **2-8-10-12-14-18** = vidimus: wir haben gesehen / **3-6-11-12-14-17** = mittebar: ich wurde geschickt / **4-5-10-13-15-18** = audiatis: ihr sollt hören

3. AcI und mehr ...

1. Hostes Romanos vincere sciunt. **2.** Hostes Romanos vincere sciebant. **3.** Romani se hostes vicisse sciunt. **4.** Hostes se eos non vicisse sciunt. **5.** Hostes se victos esse sciunt. **6.** Romani se vincere sciunt.

4. PC und Ablativus absolutus und mehr ...

a) PPP: **vorzeitig** | PPA: gleichzeitig | modal: indem | konzessiv: **obwohl** | **Einschränkung / Gegengrund:** konzessiv | Grund: **kausal** | modal: **Art und Weise** | **temporal:** Zeit

b) **1.** PC **2.** Abl. abs. **3.** Abl. abs. **4.** Abl. abs. **5.** PC

5. Konjunktiv in Haupt- und Gliedsatz und mehr ...

a) **1.** Nach der Subjunktion postquam steht in der Regel **Indikativ (Perfekt)**. – **2.** Der Konjunktiv charakterisiert Handlungen und Ereignisse als vorstellbar, gefordert, erwünscht, aber **nicht** als **vergangen**. – **3.** Der Konj. Präs. der **3.** Person Sg. / Pl. stellt eine Aufforderung dar, die der Sprecher **an Dritte** richtet (Mater respondeat!); der Konj. Präsens der **1.** Person Pl. stellt eine Aufforderung dar, die der Sprecher **an sich und andere** richtet (Gaudeamus!). – **4.** Te amem? (**„Soll ich dich lieben?“**) – **5.** Den Konjunktiv in Wunschsätzen bezeichnet man als **Optativ**. – **6.** Utinam hoc didicissem! („Wenn ich das doch **gelernt hätte!**“)

b) eamus [3] – maneamus [7] – putet [4] – afferas [1] – ieris [8] – absis [1]

6. nd-Formen und ENDE!

a) 1e – 2h – 3b – 4a – 5c – 6f – 7g – 8d

b) Gerundium: 4x – prädikatives Gerundivum: 3x – attributives Gerundivum: 1x

c) 1c – 2e – 3a – 4b – 5f – 6d

PRIMA.BREVIS

UNTERRICHTSWERK FÜR LATEIN ALS DRITTE UND SPÄTBEGINNENDE FREMDSPRACHE

ARBEITSHEFT

C.C.BUCHNER

PRIMA.BREVIS
UNTERRICHTSWERK FÜR LATEIN ALS DRITTE
UND SPÄTBEGINNENDE FREMDSPRACHE

Herausgegeben von Clement Utz und Andrea Kammerer.

ARBEITSHEFT

Bearbeitet von Roswitha Czimmek, Antje Sucharski und Andrea Weiner.

1. Auflage, 2. Druck 2016
Alle Drucke dieser Auflage sind, weil untereinander unverändert, nebeneinander benutzbar.

Dieses Werk folgt der reformierten Rechtschreibung und Zeichensetzung. Ausnahmen bilden Texte, bei denen künstlerische, philologische oder lizenzrechtliche Gründe einer Änderung entgegenstehen.

Redaktion: Jutta Schweigert
Gestaltung: ARTBOX Grafik und Satz GmbH, Bremen
Einbandgestaltung: HOCHVIER GmbH & Co. KG, Bamberg
Druck und Bindung: creo Druck & Medienservice, Bamberg

www.ccbuchner.de

ISBN 978-3-661-**41002**-9

Salvete, discipuli!

Seid gegrüßt, Schüler! So haben römische Lehrer ihre Schüler begrüßt, wenn diese am frühen Morgen bei ihnen eintrafen, um zu lernen.

Wir möchten dich zum Start mit diesem Arbeitsheft zu **PRIMA.BREVIS**, das dir zusätzliche Übungs- und Trainingsmöglichkeiten bietet, ebenso wie der römische Lehrer begrüßen.
Übung ist zum Erlernen einer Sprache sehr wichtig; der Lateiner sagt: **Repetitio est mater studiorum**. Wörtlich übersetzt heißt das: Wiederholung ist die Mutter der wissenschaftlichen Betätigung. Dieser Ausspruch ist mit unserem Sprichwort **Übung macht den Meister** am besten übersetzt.

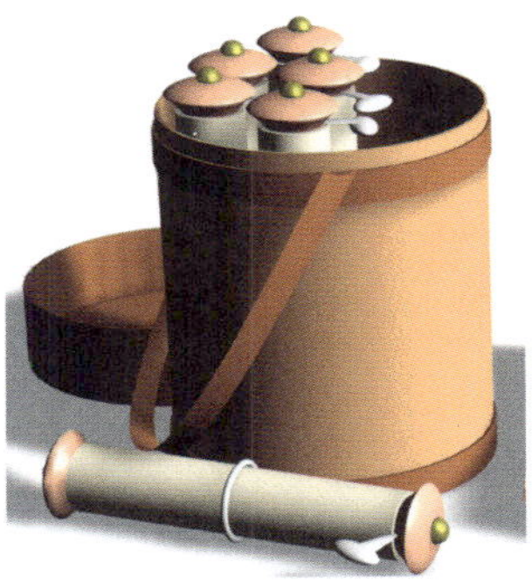

Viele Übungen tragen einen lateinischen Titel und sind mit einem * gekennzeichnet. Meist handelt es sich um berühmte Aussprüche oder Redewendungen, die wir auch in der deutschen Sprache übernommen haben. Ihr Inhalt und Sinn wird dir in den beigefügten **Buchrollen** erklärt (immer rechts unten auf der Doppelseite).

Das Arbeitsheft bietet neben den Übungsseiten **Exkurse**, in denen Leben, Geschichte und Kunst der Römer vorgestellt werden. Auch dazu gibt es Aufgaben, mit denen du dein Wissen überprüfen und vertiefen kannst. An einigen Stellen findest du **Anregungen** für Leseratten, die sich noch intensiver mit den Römern beschäftigen möchten.

Wir haben in diesem Heft abwechslungsreiche Übungen zusammengestellt. Damit wir möglichst viele **Übungen** auf jeder Seite unterbringen konnten, musst du die Lösungen zu den meisten Aufgaben in dein Heft schreiben.

Viele weitere Übungen für den **Computer** findest du auf der beiliegenden CD-Rom.

Der **Aufbau** der Übungsseiten zu den Lektionen folgt einem festen Schema. Neben dem Titel der Übung und der Aufgabenstellung findest du immer einen Hinweis, was du hier besonders trainieren kannst.
Im ersten Teil – **WORT UND FORM** – sind Übungen zusammengestellt, die dich mit der neuen Grammatik vertraut machen und die deine Formenkenntnisse festigen. Zur Bearbeitung dieser Übungen musst du die neuen Vokabeln der Lektion noch nicht gelernt haben, wenn diese nicht zum neuen Grammatikstoff gehören (Ausnahme: Lektion 1 und 2).
Zur Erledigung des zweiten Teils – **SATZ, TEXT UND KULTUR** –, der sich hauptsächlich mit Satzlehre und Übersetzen, aber auch mit Sachwissen beschäftigt, solltest du die neuen Vokabeln bereits gelernt haben.

Nach mehreren Lektionen gibt es regelmäßig **Tests**, mit denen du dein Wissen **selbstständig** überprüfen kannst. Wenn du diese Seiten ausgefüllt hast, siehst du, an welchen Schwerpunkten du noch arbeiten musst. Eine Tabelle am Ende des Tests hilft dir, deine Kenntnisse, aber auch deine Lücken zu dokumentieren. Du solltest diese Tabelle auf jeden Fall ausfüllen, um dir einen Überblick zu verschaffen.

Wir wünschen dir viel Freude, **PRIMA** Gelingen und Erfolg.

Vale!

So verabschiedeten sich die Römer.
Deine **PRIMA.BREVIS**-Verfasser

1 Suo loco* *Übersetzungen zuordnen*

Ein Windstoß hat die Vokabelkärtchen völlig durcheinandergebracht. Ordne den lateinischen Wörtern die deutsche Bedeutung zu.

RIDERE – SERVUS – denn – ADESSE – SUBITO – stehen – Sklave – plötzlich – NAM – sich freuen – und – STARE – lachen – ET – da sein – GAUDERE

2 Wohin gehört ...? *Deklinationsklassen zuordnen*

Ordne folgende Substantive der richtigen Deklinationsklasse zu und gib jeweils das Genus an.

o-Deklination	a-Deklination	3. Deklination

senator – turba – servus – forum – curia

3 In Form gebracht *Verbformen bilden*

Übersetze die Infinitive und bilde die 3. Person Singular. Wenn du von den neu gebildeten Formen den in Klammern angegebenen Buchstaben nimmst, erhältst du die Bezeichnung eines wichtigen Ortes auf dem Forum Romanum.

schreien (1) – sich freuen (3) – bitten (1) – lachen (2) – da sein (1)

4 Latine loqui*

Salve heißt sowohl „Auf Wiedersehen“ als auch „Hallo“.

Vale heißt „Servus“, „Tschüss“ oder „Auf Wiedersehen“.

So haben die Römer im Alltag miteinander gesprochen. Du kannst jetzt deine Klassenkameraden lateinisch begrüßen und dich auch von ihnen verabschieden.
Wenn du mehrere Personen begrüßen oder verabschieden möchtest, musst du – wie unser Senator auf dem Forum – „Salvete!“ bzw. „Valete!“ sagen.

TIPP: Wenn du weitere lateinische Redewendungen kennenlernen möchtest, solltest du das Buch „Quintus geht nach Rom“ von Hans Dieter Stöver lesen. Der 14-jährige Quintus muss nach dem Umzug der Familie in der Großstadt Rom spannende Abenteuer bestehen.

5 Die familia des Senators Aquilius stellt sich vor

Informationen entnehmen

Hier siehst du Mitglieder der Familie des Senators Marcus Aquilius Florus in ihrem Wohnzimmer, dem tablinum.
Zu einer römischen Familie (familia) gehören nicht nur die direkten Angehörigen, sondern auch die Sklaven des Hauses.
Beschreibe die Szene im Haus des Senators.
Kannst du dazu drei lateinische Sätze bilden?

6 Plenae sunt paterae!* *Sätze bilden und übersetzen*

In der Amphore, einem Gefäß zur Aufbewahrung von Wein, Öl oder Honig, befinden sich verschiedene Substantive. Passende Verben findest du in der Schale. Bilde kleine Sätze, indem du jeweils ein Substantiv und ein Verb verbindest.

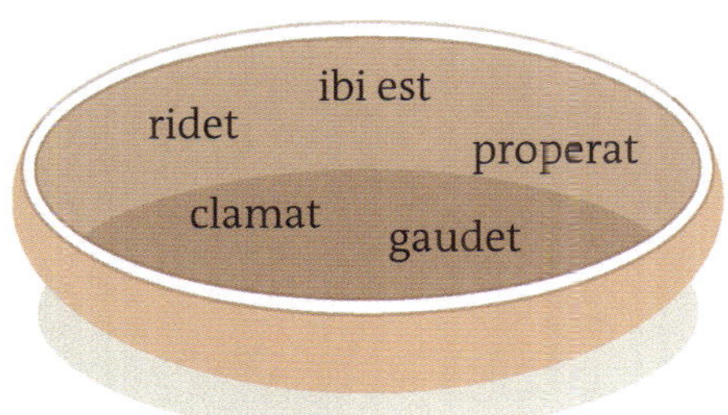

7 Ubi senator est?

Bilde sinnvolle Sätze.

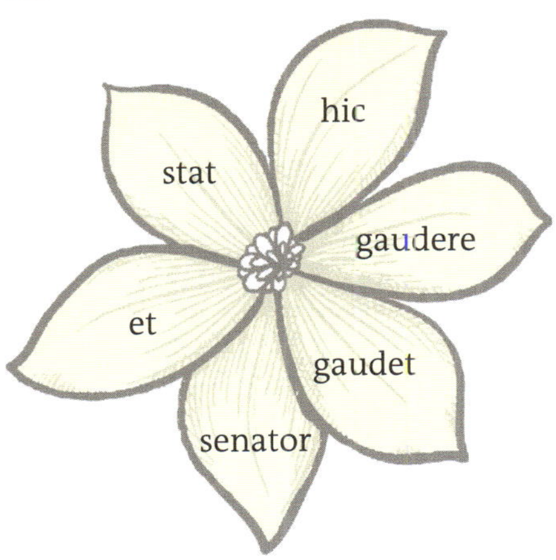

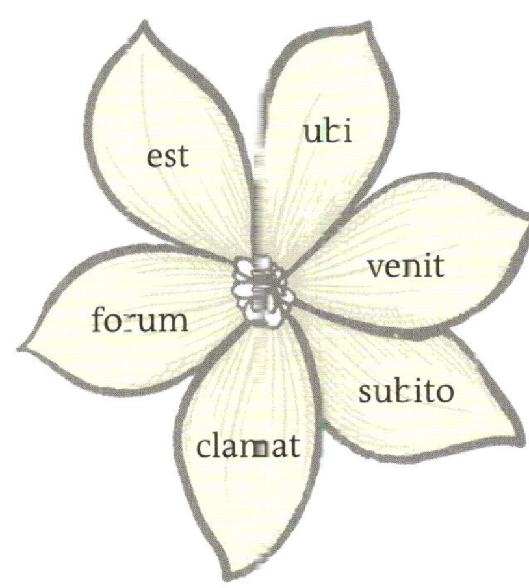

suo loco	„an der richtigen Stelle" bzw. „bei passender Gelegenheit"
Latine loqui	„Latein sprechen"
Plenae sunt paterae!	„Gefüllt sind die Schalen!"

1 Ordnung muss sein! *Formen erkennen*

Ordne die Wörter der richtigen Spalte zu.

Singular		Plural
	servi – fora	
	curia – Marcus	
	senator – turbae	
	amici – populus	
	porta – victores	
	ludi – signum	

2 Im Circus Maximus I *Begriffe zuordnen*

Die Abbildung zeigt einen Stempel zum Verzieren von Broten aus dem Museum von Teurnia / Kärnten, Österreich, 4. Jh. n. Chr. Ordne die Ziffern der unten vorgegebenen lateinischen und deutschen Wörter der Abbildung zu.

1: circus
2: turba
3: clamare
4: properare
5: gaudere
6: ludus
7: populus
8: equi
9: currere
10: Delfine als Zählvorrichtung
11: Obelisk
12: Götterstatue
13: Eine Göttin reitet auf einem Löwen.
14: Zielsäulen (metae)

2 Im Circus Maximus II *Formen bilden*

Trage die unten angegebenen Ausdrücke lateinisch in das Gitter ein. Die senkrechte dunkel eingefärbte Leiste nennt einen wichtigen Bestandteil des circus.

1. sie sind da **2.** sie beeilen sich **3.** sie lachen **4.** sie stehen **5.** sie schreien

1.

2.

3.

4.

5.

4 Beim Wagenrennen *Formen bilden und Sätze übersetzen*

Tausche Singular und Plural und schreibe dann zu den lateinischen Sätzen die deutsche Übersetzung.

a) Amicus surgit.

b) Equi accedunt.

c) Senator gaudet.

d) Equus currit.

e) Victores adsunt.

5 Quis aut quid?* *Subjekt im Prädikat übersetzen*

Subjekt gesucht! Im jeweils zweiten Satz ist das Subjekt etwas versteckt. Übersetze.

a) Turba clamat. Tum tacet.

b) Equi veniunt. Subito stant.

c) Amicus tacet. Tandem ridet, nam Aulus accedit.

d) Marcus diu exspectat. Nunc gaudet, nam amicus adest.

6 Wer suchet, der findet! *Sachwissen überprüfen*

In diesem Bild sind zwölf verschiedene Gegenstände versteckt, die es im alten Rom bestimmt noch nicht gab. Kreise sie ein!

Quis aut quid?	„Wer oder was?“

3 WORT UND FORM

1 Einer allein ist nicht genug *Plural bilden und übersetzen*

Bilde den Plural zu folgenden Formen und übersetze dann:

a) tacet

b) accedit

c) victor

d) apud senatorem

e) signum

f) equus

g) per forum

h) ad portam

i) dat

k) adest

2 Semper et ubique!* *Übersetzungen zuordnen, Sinnrichtungen erkennen*

Sortiere die Adverbien mit Übersetzung in die richtigen Schalen ein:

HIC DIU HODIE IBI TUM SUBITO NUNC TANDEM DENIQUE

3 Quid videt amicus? *Akkusativ bilden*

Setze die Substantive in den Akkusativ (Singular und Plural).

a) porta

b) ludus

c) victor

d) equus

e) signum

f) senator

g) servus

h) templum

Bilde vier Sätze mit den Akkusativen und folgenden Verben: delectare, spectare, vocare, petere, vendere, audire

SATZ, TEXT UND KULTUR

4 Ubi ursus est? *Präpositionen mit dem Akkusativ verbinden*

Du findest hier Präpositionen und Substantive, die du sinnvoll miteinander verbinden sollst, um anzugeben, wo der kleine Bär (ursus) hinläuft. Übersetze dann die von dir gebildeten Sätze.

Ursus currit ...

Präpositionen: ad per ante in

Substantive: templum victor porta circus forum ludus senator

TIPP: Wenn du mehr über das Stadtleben im alten Rom erfahren willst, lies das Buch „Drei Tage in Rom“ von Hans Dieter Stöver.

5 Lückenfüller *Sinnvolle Sätze bilden und übersetzen*

Einige Wörter in den Sätzen sind verlorengegangen. Füge die unten stehenden Wörter im richtigen Kasus und Numerus oder in der richtigen Personalform ein. Übersetze dann den Text.

Amicae in ______________ properant. Nam amicae apud Rutilium ______________ exspectant. Mercator iam ante tabernam stat, ______________ videt et clamat: „Hodie bestiae ______________!" Statim amicae in tabernam ______________ .

taberna | bestia | amica | adesse | currere

6 Quis adest? *Text übersetzen*

Während sich die Mädchen in der Basilica aufhalten, haben Aulus und Gajus viel Aufregenderes vor. Übersetze den Text.

Aulus et Gaius ad Circum Maximum accedunt. Nam ibi equi adsunt. Amici circum intrant et stabula[1] petunt. Quid est? Portae patent, equi non iam adsunt. Subito clamor surgit. Amici accedunt et tacent ... Tum autem rident et gaudent. Nam vident ...

[1]stabulum Stall

Schreibe die Geschichte zu Ende (drei lateinische Sätze).

7 Steckbrief zur Basilica *Sachwissen überprüfen*

Sicher hast du das Wort Basilika schon vor deinen ersten Lateinstunden gehört. Viele beeindruckende Gebäude aus der Zeit der Römer blieben als Gotteshäuser auch nach dem Untergang des Römischen Reiches erhalten. Man benutzte sie häufig als Steinbruch, denn lange Zeit fehlte den Menschen das technische Wissen und Können der Römer für die Errichtung solch monumentaler Bauwerke. Vervollständige den Steckbrief.

Basilica Iulia *(siehe Buch S. 16)*
Ort:
Stifter:
Nutzung einst:
Nutzung heute:
Besonderheiten:

Informiere dich im Internet über die Basilika in Trier. Fertige einen zweiten Steckbrief an.

semper et ubique (fidelis)	„immer und überall (treu)" war das Motto zahlreicher adliger Familien im englischen Sprachraum seit dem Mittelalter.

WORT UND FORM

1 Quod di bene vertant!* *Formen im Akkusativ und Ablativ bilden*

Bilde die entsprechenden Formen der Substantive. Achte dabei auf Singular und Plural.

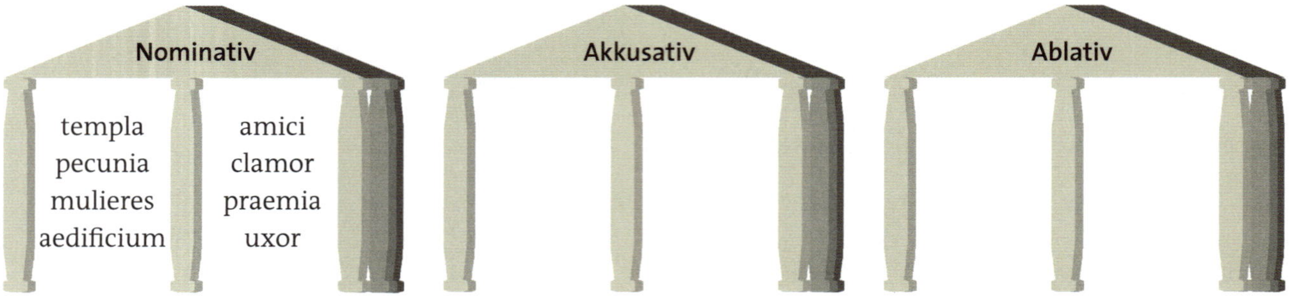

2 Abgeschnitten *Vokabeln richtig zusammensetzen*

Hier hat jemand aus Versehen die Vokabelkarten mit der Schere zerschnitten. Trage die Wortenden an ihrem richtigen Platz ein, sodass sich lauter richtige Formen ergeben. Übersetze dann.

templ – *am* – port – *nt* – hodi – *it* – mulier – *e* – *em* – surg – tand – gaud – *ibus* – accede – *et* – *unt* – sign – *re* – su – *os* – toll – *is* – lud – *a*

SATZ, TEXT UND KULTUR

3 Wer macht was? *Verbformen bilden und Sätze übersetzen*

Setze die Verben in die richtige Form. Übersetze die Sätze dann.

a) donum (delectare)
b) equus (currere)
c) senator (surgere)
d) adulescentes (clamare)
e) mulier (ridere)
f) amici (venire)

4 Baumeister gesucht *Sätze bilden und übersetzen*

Bilde aus den angegebenen Wörtern, indem du sie mit den passenden Endungen versiehst, kleine Sätze und übersetze.

a) Atia – cum – contendere – forum – Lucius – per
b) amici – in – circus – amicae – spectare – ludi – et
c) thermae – clamor – mercatores – complere

5 SPA (Sanus per aquam)* *Sachwissen überprüfen*

Trage die vorgegebenen lateinischen Bezeichnungen der Räume an die richtige Stelle im Text ein.

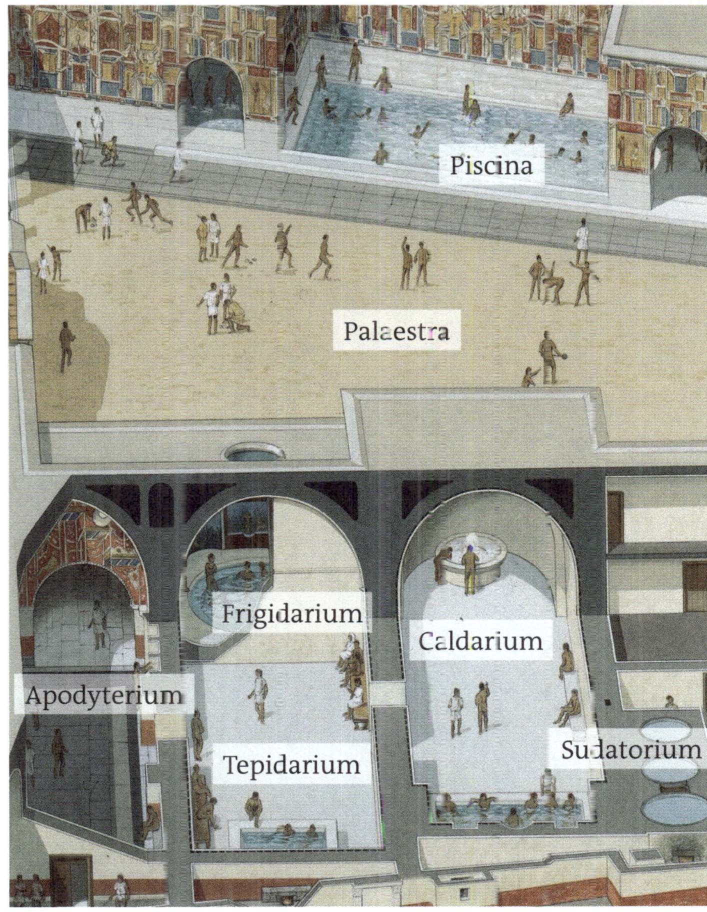

Wir wollen zusammen mit Lucius den Thermen einen Besuch abstatten. Damit wir nicht als unzivilisierte Germanen auffallen, müssen wir uns bei dem Besuch an ganz bestimmte Regeln halten.

1. Nachdem wir die Anlage durch den Haupteingang betreten haben, müssen wir erst einmal unsere Kleider im ______________ loswerden. Da Männer und Frauen entweder unterschiedliche Badezeiten oder wie hier getrennte Badeanlagen hatten, fallen wir nicht auf, wenn wir von nun an nur mit unserem Handtuch und unserem Ölfläschchen herumlaufen. Vorsichtshalber haben wir den Sklaven, der uns begleitet hat, bei unseren Klamotten zur Bewachung zurückgelassen, denn man weiß ja nie ...

2. Jetzt kann es aber losgehen! Zuerst ist sportliche Betätigung ganz wichtig. Zur Gymnastik, zum Ballspielen, Ringen oder Laufen dient der große Spielplatz in der Mitte, die ______________ .

3. Da der Sand an unserer Haut klebt, gehen wir zurück in den Umkleideraum, nehmen eine Strigilis und schaben erst einmal Sand und Schweiß ab. In einem Nebenraum können wir uns auch massieren lassen.

4. Jetzt kann aber gleich der Sprung ins kalte Wasser kommen. Zunächst noch die Füße säubern, dann geht es ab ins Kaltwasserbad, das ______________ . Wem das zu kalt ist, der sollte in die beheizten Baderäume gehen.

5. Dort kann man sich im Schwitzraum, dem ______________ , von heißem Dampf einhüllen lassen und wie in einer Sauna schwitzen.

6. Wir aber gehen gleich in das Heißbad ______________ , damit wir uns zu einem kleinen Plausch gemütlich zu den anderen in die Wanne setzen können. Aber Vorsicht, der Boden ist sehr heiß, deshalb ist es besser, vorher Holzpantinen anzuziehen.

7. Damit wir uns nicht erkälten und sich die Poren der Haut wieder schließen, sollten wir uns langsam wieder abkühlen und deshalb wechseln wir in das lauwarme Bad ______________ .

8. Zum Schluss wagen wir draußen im Kaltwasserbecken ______________ noch einige Schwimmzüge. Wer Lust und Zeit hat, kann diese Prozedur beliebig oft wiederholen.

Quod di bene vertant!	„Dies mögen die Götter zum Guten wenden“ – So beteten die Römer oft zu den Göttern.
SPA	Der heutige Wellnessbegriff wird manchmal als Sanus per aquam („Gesund durch Wasser“) gedeutet, leitet sich aber in Wirklichkeit von dem belgischen Badeort Spa ab, der im 19. Jh. bei den Engländern sehr in Mode war. Die Engländer haben diesen Namen dann auf Wellness im Allgemeinen übertragen.

1 In extenso* *Deutsche Verben ins Lateinische übersetzen*

Setze die entsprechenden lateinischen Verben im Uhrzeigersinn in das Netz ein – alle enden auf **-are**. Achte beim Eintragen auf die Länge der einzelnen Wörter.

a) betreten b) denken c) erfreuen d) arbeiten e) loben f) tragen g) schauen h) schreien i) geben j) rufen k) zögern

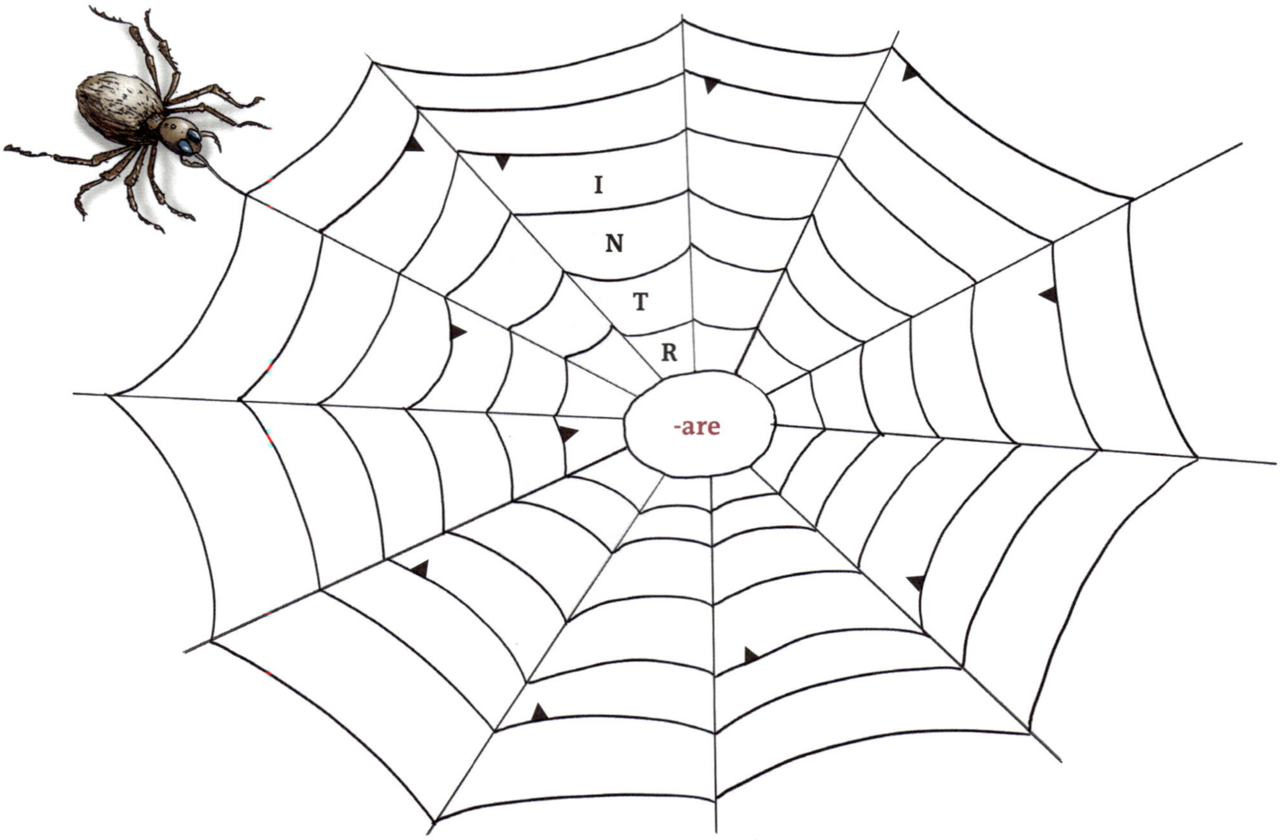

2 Iussu* *Imperativformen erkennen*

Unterstreiche alle Imperativformen. Die Anfangsbuchstaben der richtigen Formen ergeben eine neue Aufforderung. Übersetze alle Formen.

vocas – portate – tacetis – ama – dolent – ridete – sum – sto – accede – laborant – gaudemus – tolle – estis – exspectate – depono – cogitate – relinquis – contendit – eme – delectamus – spectatis – vendit – narrate (erzählt!) – surgit – audi – curro – video – mitte

Lösung: ______________________________

3 Tempus fugit* *Adverbien zuordnen*

Ordne folgende Adverbien auf dem Zeitstrahl an. Welche kannst du nicht zuordnen?

hodie | semper | nunc | tum | statim | numquam

VERGANGENHEIT ⟶ GEGENWART ⟶ ZUKUNFT

SATZ, TEXT UND KULTUR

4 In thermis *Satzglieder bestimmen und übersetzen*

Markiere die Satzglieder folgender Sätze und übersetze dann.

a) Post ludum Lucius cum Gaio amico ad thermas contendit.

b) Gaius cum amicis in thermas properat.

c) Ibi *frigidarium*[1] clamore complent.

d) Mercator amicos in thermis videt.

5 Per aspera ad astra* *Präpositionalausdrücke bilden*

Füge das Substantiv in der Klammer im richtigen Kasus zu der angegebenen Präposition.

a) ad (senator)
b) pro (pecunia)
c) apud (pueri)
d) post (basilica)
e) ante (templa)
f) in (curia)
g) cum (mater)
h) per (fora)
i) de (iniuria)

6 In *apodyterio*[1] *Sätze einer Abbildung zuordnen*

In den Thermen passieren immer aufregende Dinge. Ordne den Personen auf dem Bild die passenden Sätze zu.

a) Servus pecuniam sumit et in cistam (Kiste) deponit.
b) Fur currit et vestes portat.
c) Adulescens vestes deponit.
d) Lucius *tepidarium*[1] petit.
e) Amici gaudent.

in extenso	„ausführlich, weitschweifig“
iussu	„auf Befehl“
Tempus fugit.	„Die Zeit (flieht) vergeht schnell.“
per aspera ad astra	„auf rauen Wegen zu den Sternen“ – Diese Worte bedeuten, dass der Weg zum Erfolg meist hart und mühsam ist. In der Antike glaubten die Menschen, dass jemand, der Außergewöhnliches geleistet hat, von den Göttern als Sternbild in den Himmel erhoben wurde.

[1] Vgl. prima.brevis Textband, Abb. S. 20

TESTE DICH SELBST: BIST DU SCHON EIN ECHTER RÖMER?

1 Cogita! → 4 Aurei

Von welchen lateinischen Wörtern kannst du die farbig gesetzten Wörter ableiten?

a) Heute werden frische Forellen **serviert**! b) In der Mode **dominiert** in diesem Jahr die Farbe lila. c) Der Bischof schreitet in vollem **Ornat** in den Dom. d) Bei diesem Wetter kann man eine **Weste** gut vertragen.

2 Recte an false?* → 5 Aurei

	+	–
a) scio heißt im Plural scimus.		
b) tacetis heißt „schweigt!“		
c) Die 2. Pers. Sg. Präsens von esse lautet es.		
d) emo – emis – emit – emimus – emitis – emint		
e) venire gehört zur kons. Konjugation.		

3 Nomina et muta!* → 10 Aurei

Bestimme Kasus, Numerus und Genus der Substantivformen. Setze dann die Formen in den Ablativ.

a) dona		
b) clamores		
c) fur		
d) mensam		
e) pueri		

4 Compensa!* → 10 Aurei

Ersetze jedes Bild durch das passende lateinische Substantiv im richtigen Kasus und Numerus.

a) Pueri  amant.

b) Lucius Atiam  delectat.

c) Mercator  vendit.

d)  in foro est.

e) 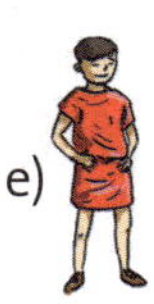 Atiam delectat.

5 Nomina et muta!* → 10 + 10 Aurei

1. Ordne die grammatischen Fachbegriffe in der rechten Spalte den Sätzen a) bis e) sinnvoll zu.
2. Verändere die Sätze, indem du Singular und Plural austauschst.

a) Hodie amici per fora currunt.	Vokativ	Substantiv der 3. Dekl.
b) In foro turba clamat.	Prädikatsnomen	Imperativ
c) Puer matrem vocat.	Ablativ	Präposition mit Akk.
d) Mater domina est.	Akkusativobjekt	Verb der kons. Konjugation
e) Audite, amici!	Adverb	Subjekt im Nom. Sg.

6 Corrige!* → 8 Aurei

Korrigiere die Fehler in der deutschen Übersetzung.

a) Hodie domina cenam parat. → Heute bereitet die Herrin das Essen zu. b) Itaque Aquiliam filiam (Tochter) vocat: → So ruft Aquilia ihre Tochter: c) „Ades, Aquilia! → „Du bist da, Aquilia! d) Nunc cenam parare debemus. → Dann müssen wir die Mahlzeiten vorbereiten. e) Orna mensas et porta vinum in *triclinium*[1]." → Schmückt die Tische und tragt Wein ins Speisezimmer!"

7 Scribe!* → 3 Aurei

Bilde drei sinnvolle Sätze.

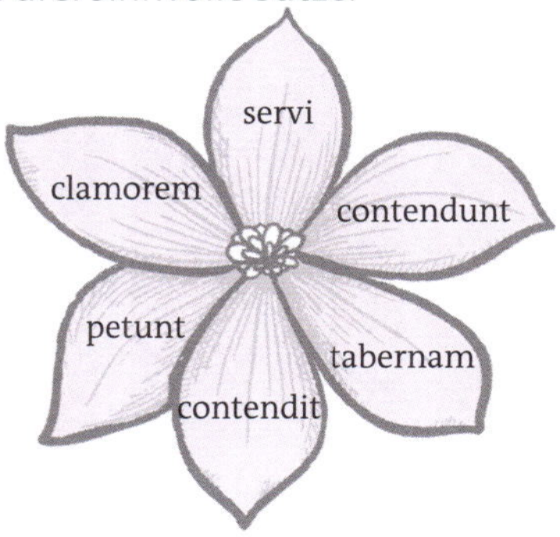

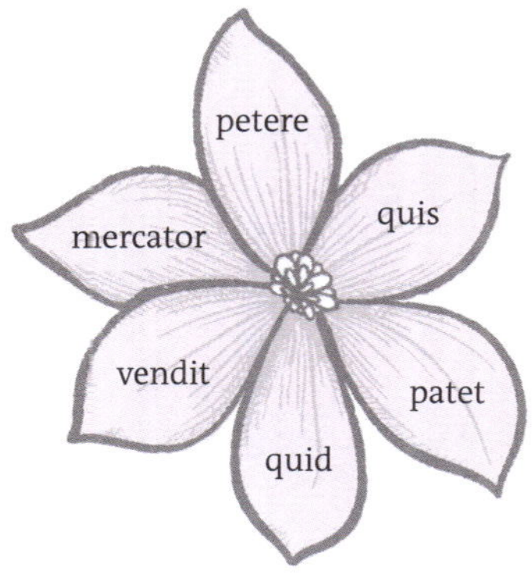

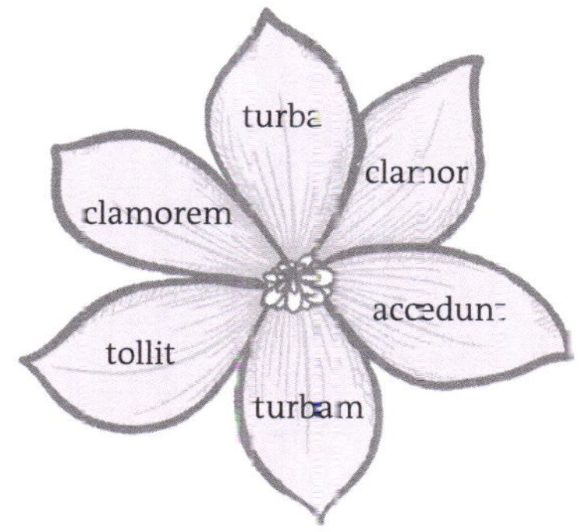

Anzahl der gesammelten Aurei:			
60 – 51	50 – 35	35 – 15	15 – 0
Optime! Sehr gut!	**Bene!** Gut!	**In angustiis es!** Du bist in Schwierigkeiten!	**Male se res habet!** Es steht schlecht!
Dein Ansehen auf dem Forum ist gewaltig, du kannst dir ein prächtiges Haus leisten.	An der Innenausstattung deines Hauses muss gespart werden.	Auf dem Forum kennt dich niemand, du musst fast alles selbst erledigen.	Du kannst dir deine Wohnung in Rom nicht mehr leisten und musst aufs Land ziehen.

Treffpunkte: Forum, Thermen, Wagenrennen	**Verben:** Personalendungen / Hilfsverb esse	**Substantive:** Nominativ, Akkusativ, Ablativ, Vokativ	**Präpositionen:** Akkusativ oder Ablativ
Das weiß ich / kenne ich:			
Das kann ich:			
Das muss ich noch üben:			

Recte an false?	„Richtig oder falsch?"
Nomina et muta!	„Bestimme und tausche!"
Compensa!	„Ersetze!"
Corrige!	„Verbessere!"
Scribe!	„Schreibe!"

[1] Vgl. prima.brevis Textband, Abb. S. 27

WORT UND FORM

1 Rätselkamm *Verbformen bilden*

Übersetze folgende Verbformen und trage sie senkrecht in die Zeilen ein. Der Lösungssatz, der sich aus den Buchstaben der grauen Felder ergibt, gefällt dir bestimmt.

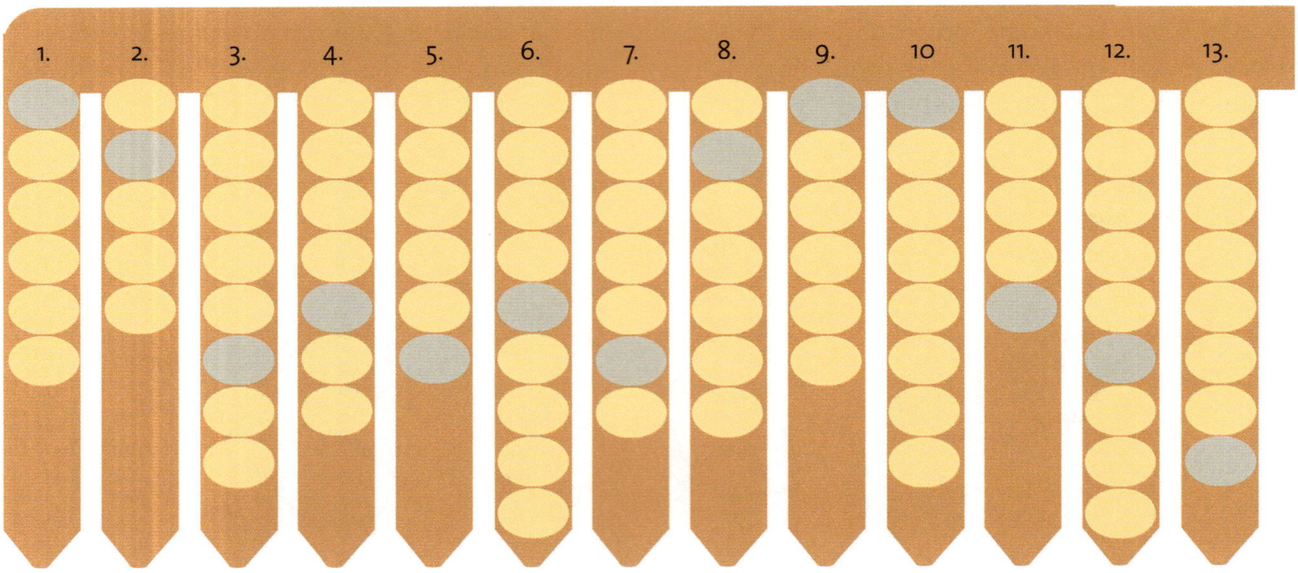

1. ich arbeite **2.** er nimmt **3.** du zeigst **4.** sie schicken **5.** du hebst auf **6.** ihr kommt heran **7.** du füllst an
8. sie gefallen **9.** ihr kauft **10.** ihr schreit **11.** er ist da **12.** wir zögern **13.** er eilt

Lösungssatz:

2 Aus zwei mach eins! *Treffend übersetzen*

Übersetze folgende Ausdrücke mit einem Begriff, z. B. porta tabernae → „Ladentür".

a) vestis servorum

b) copia verborum

c) ludus liberorum

SATZ, TEXT UND KULTUR

3 Aulus servum iubet *Imperativformen bilden*

Mit dem Sklaven Bibulus hat Aulus keine rechte Freude, denn Bibulus ist faul und ungehorsam. Setze die Befehle des Aulus (wie im Beispiel vorgegeben) ein.

a) Aulus: „Accede, Bibule!"	Sed Bibulus non accedit.
b) Aulus: ...	Sed Bibulus non respondet.
c)	Sed Bibulus non exspectat.
d)	Sed Bibulus vinum non portat.
e)	Sed Bibulus non currit.

4 Ubi? *Sätze ergänzen und übersetzen*

Vervollständige die Sätze unter den Bildern mit den passenden Präpositionen und Endungen. Übersetze dann.

a) Servi ________ aed________ properant. b) Publius ________ port________ aedificii amicos exspectat.

c) ________ templ________ statua (!) est. d) Amici ________ Publi________ sunt.

e) Publius ________ amic________ disputat[1]. f) Atia et Gaius ________ scamn________[2] exspectant.

[1] disputāre diskutieren [2] scamnum Bank

5 Velle oder nolle *Sätze umformen*

Forme um in Sätze mit **velle** oder **nolle**.

a) Servi vinum **portant**.	Servi vinum **portare volunt**.
b) Mater in *cubiculo*[1] non remanet.	
c) Pueros non laudamus.	
d) Servae mensas ornant.	
e) Vinum in *triclinium*[1] non porto.	

6 Kleider machen Leute! *Sachwissen anwenden*

Auch bei der größten Hitze trug die ehrbare **Matrona** drei Gewänder übereinander: **Tunica**, **Stola** und **Palla**. Ordne mit Hilfe von Pfeilen die Begriffe den Kleidungsstücken zu. Unterscheide die einzelnen Kleidungsstücke, indem du sie mit verschiedenen Farben anmalst.

Dieser römische Bürger trägt **Tunica** und **Toga** und ist in wichtiger Mission zum Forum unterwegs. Ordne auch hier mit Hilfe von Pfeilen die Begriffe den Kleidungsstücken zu. Male die Figur so an, dass sie einen römischen Senator darstellt.

[1] Vgl. prima.brevis Textband, Abb. S. 27

EXKURS: Sklaven

Servi sunt. Immo homines.*

Als die Römer begannen, fremde Länder zu erobern, brachten die jeweiligen Feldherrn in ihrer Beute Gefangene mit sich, die in die Sklaverei verkauft wurden und damit die Kriegsbeute vermehrten. Dies war eine der Möglichkeiten, Sklave zu werden. Aber auch als Reisender konnte man von Straßenräubern oder Piraten gekidnappt und als Sklave verkauft werden. Eltern, die völlig verarmt waren, boten den Schuldherrn sich und ihre Kinder als Sklaven an.

Sklaven waren Menschen, denen – wie wir heute sagen würden – keine Menschenrechte zugestanden wurden, sondern wie eine Sache besessen, gekauft und verkauft werden konnten.

Der Preis für einen Sklaven richtete sich danach, wie alt er war und über welche Qualifikationen er verfügte. Wer besondere Fähigkeiten hatte, lesen und schreiben konnte, brachte höhere Summen ein als einer, der schon Fluchtversuche hinter sich hatte und sich widerspenstig zeigte. Zwischen 800 und 2500 Sesterzen musste der neue Besitzer für seinen Sklaven bezahlen. Für Roms „Normalbürger" war dies fast ein Jahreseinkommen, für reiche Römer, die ein Vermögen in Millionenhöhe besaßen, ein Taschengeld.

Rom hatte in dreierlei Hinsicht Vorteile von der Sklaverei: Sklaven waren billige Arbeitskräfte und unerlässlich für die Wirtschaft. Sie erlaubten der Oberschicht ihren luxuriösen und freien Lebensstil, denn die Adligen (nobiles) konnten sich so ihrer politischen Laufbahn und ihren Studien widmen. Besonders griechische Sklaven brachten ihre Kultur – Bildung, Wissen und Kunst – nach Rom.

Um Sklaven an einer Flucht zu hindern oder um das Auffinden eines geflohenen Sklaven zu erleichtern, mussten sie entweder eine runde Plakette (bulla) oder ein Halsband (collare) tragen. In diese war eine Inschrift eingraviert, die den Namen des Besitzers und seine Adresse sowie einen Hinweis enthielt, dass es sich um einen Geflohenen (fugitivus) handelte. Auf der abgebildeten Plakette steht:

TENE ME NE FUGIAM ET REVOCA ME AD DOMINUM EUVIVENTIUM IN AR(E)A CALLISTI.

„Halte mich fest, damit ich nicht fliehen kann, und bringe mich zurück zu meinem Herrn Euviventius in die Area Callisti (ein Gebiet auf der anderen Seite des Tibers)."

Versuche nach dem Lesen des Textes eine Einschätzung: Was bedeuten Sklaven für den römischen Staat und die römische Gesellschaft?

Ad fontes*

Zahlreiche antike Schriftsteller berichten über das Dasein von Sklaven und über den Umgang mit ihnen. Du findest auf der rechten Seite einige Aussagen über Sklaven. Übertrage folgende Tabelle in dein Heft und ergänze sie mit Informationen aus den Texten. Vergleiche die verschiedenen Quellen miteinander. Was verraten sie über die Einstellung des jeweiligen Verfassers zu Sklaven? Begründe deine Antwort.

Art der Sklaven	Tätigkeiten	Lebensbedingungen
Bergwerkssklaven	unterirdische Grabarbeiten	...

Der griechische Schriftsteller Plutarch über den Sklavenhalter Marcus Porcius Cato:
Er hielt eine große Menge Sklaven, die er aus Kriegsgefangenen kaufte. Er nahm am liebsten solche, die noch klein waren und sich wie junge Hunde bilden und ziehen ließen. Jeder Sklave musste entweder zu Hause notwendige Arbeiten verrichten oder schlafen. Sklaven, die etwas falsch gemacht hatten, ließ er gleich mit Geißeln bestrafen. Immer wieder suchte er sie in Zwist und Uneinigkeit zu halten, weil Eintracht ihm Furcht und Verdacht erregte.

Der griechische Historiker Diodor über die Arbeit in Bergwerken:
Die mit Arbeit in den Bergwerken beschäftigten Sklaven liefern ihrem Herrn unglaublich hohe Einkünfte, sie selbst aber, die in den Gruben unter der Erde ihren Körper Tag und Nacht aufreiben müssen, sterben in großer Zahl unter dem außerordentlich harten Einsatz; denn ihnen wird keine Erholung oder Pause gewährt, sie müssen vielmehr unter den Schlägen ihrer Aufseher auf solch elende Weise ihr Leben opfern, wobei freilich einige dank ihrer Körperkräfte und Seelenstärke imstande sind, derartige Strapazen längere Zeit auszuhalten.

Der römische Philosoph Seneca über die Unmenschlichkeit vieler Sklavenhalter:
Ich kann nur über die lachen, die es für eine Schande halten, mit ihren Sklaven zusammen zu essen. Einer isst mehr, als er verträgt, und mit ungeheurer Gier belastet er den schon übervollen Magen, sodass er mit größerer Mühe alles von sich gibt, als er es zu sich genommen hat. Den unglücklichen Sklaven hingegen ist es nicht einmal zum Sprechen erlaubt, die Lippen zu bewegen; mit der Rute wird jeder Flüsterton unterdrückt, und selbst unwillkürliche Regungen entgehen nicht der Prügelstrafe, wie Husten, Niesen, Schluckauf; die Unterbrechung des Schweigens auch nur durch einen Laut büßt man mit schwerer Strafe. Ein Sprichwort ist in aller Munde, es gebe ebenso viele Feinde wie Sklaven: Nicht haben wir jene zu Feinden, sondern wir machen sie dazu.

Der römische Schriftsteller Plinius schreibt an einen Freund:
Ich sehe, mit welcher Sanftmut du dein Hausgesinde behandelst; um so offener will ich dir bekennen, wie nachsichtig ich selbst gegen meine Leute bin; ich denke dabei stets an Homers Wort „und gütig war er wie ein Vater“ und an unseren Ausdruck „Familienvater“.

Der römische Autor Apuleius erzählt in einem Roman über die Arbeit in der Mühle:
Guter Gott, was gab es da für Kreaturen! Die ganze Haut mit blauen Striemen gezeichnet, den verprügelten Rücken mit ein paar verschlissenen Fetzen mehr betupft als bedeckt, einige nur mit einem winzigen Lendenschurz – alle jedenfalls so angezogen, dass die Knochen durch die Lumpen zu sehen waren! Die Stirn gezeichnet, der Kopf halb rasiert, die Füße beringt; weiter: von Geisterblässe entstellt, die Lider von Qualm und Dunst in der Finsternis entzündet bis zur Trübung des Augenlichts; und wie Boxer, die sich zum Kampf mit einer Sandkruste einpudern, alle vom Mehlstaub schmutzig!

Auszug aus einem Sachtext über Sklaven:
Sklaven gab es in allen Lebensbereichen und deshalb waren ihre Lebensbedingungen auch höchst unterschiedlich: Die einen schufteten sich in Bergwerken, Steinbrüchen und auf Galeeren häufig nach kurzer Zeit zu Tode oder plagten sich angekettet auf Feldern und mussten in Zwingern schlafen, während andere in den Häusern der Reichen als Handwerker, Hausdiener, Sekretäre und Kindererzieher, ja sogar als Lehrer und Ärzte arbeiteten. Wieder andere waren als Schauspieler, Tänzer oder Musiker in den Theatern beschäftigt. Auch Wagenlenker und Gladiatoren waren fast ausschließlich Sklaven. Besser gestellte Sklaven konnten sich einige Vorteile verschaffen. Sie verdienten durch zusätzliche Arbeit Geld und konnten sich auf diese Weise sogar freikaufen.

Servi sunt. Immo homines.	„Sie sind Sklaven. Aber auch Menschen.“ Der Philosoph Seneca schreibt diesen Satz in einem Brief über den humanen Umgang mit Sklaven.
ad fontes	„zu den Quellen“ Dies ist eine Aufforderung, sich mit Originaltexten (d.h. Quellentexten in der Originalsprache) zu befassen (im Gegensatz zu Übersetzungen oder Zusammenfassungen späterer Autoren).

1 Ordnung muss sein! *Verbformen bilden und zuordnen*

Bilde zu jeder Form den Infinitiv Präsens und lege diesen in den richtigen Einkaufskorb.

attingo – remaneo – dico – paro – placeo – porto – ostendo – emo – peto – relinquo – tollo – clamo – intro – vendo – compleo – sumo – cogito – respondeo – gero – probo – mitto

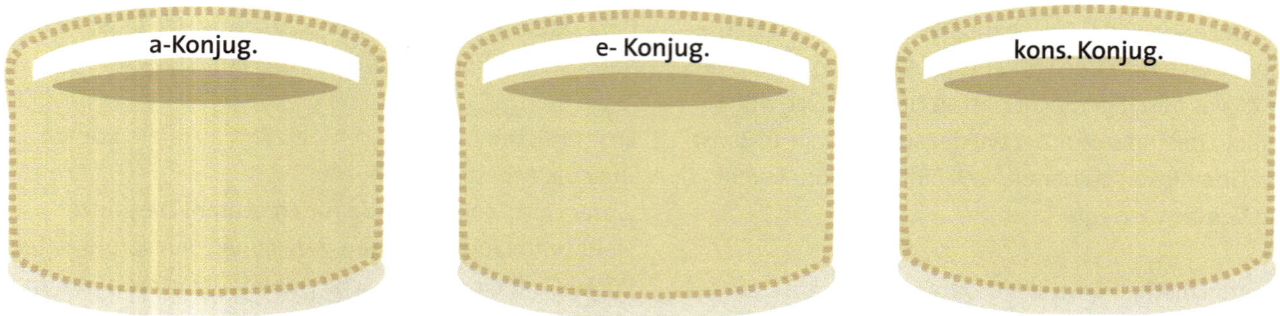

2 Cave canem!* *Genitivformen erkennen*

Paul hat von seinem Lehrer den Auftrag bekommen, auf seinen Vokabelkärtchen den Genitiv nachzutragen. Leider hat sein Hund Pertinax diese bunten Karten für Spielzeug gehalten und zerbissen. Nun muss Paul noch einmal von vorne anfangen und hofft auf deine Hilfe: Trage auf den Kärtchen das Genus des Wortes, Genitiv Singular und Plural ein.

oculus *m*	vestis	pater	puer	serva
oculi				
oculorum				

senator	senex	uxor	donum	fur

3 Formenketten *Verbformen bilden*

Bilde folgende Formen. Bilde dann selbst Formenketten.

a) nolo → Plural → 3. Person → 2. Person → Singular → Infinitiv

b) adsum → 2. Person → Plural → 3. Person → Singular → Infinitiv

c) dicis → 1. Person → Plural → 3. Person → 2. Person → Imperativ

d) respondet → 2. Person → 1. Person → Plural → 3. Person → Imperativ

vult	→	volunt	→		→		→		→	
		Plural	→		→		→		→	

compleo	→	complemus	→		→		→		→	
		Plural	→		→		→		→	

4 Sprachgefühl *Kontextbezogen übersetzen*

Übersetze angemessen.

a) Liberti auxilium petunt. b) Mercator pecuniam petit. c) Publius cum amicis circum petit. d) Victor praemium capit. e) Senatores consilium capiunt.

5 Ab ovo usque ad mala* *Sachwissen anwenden*

Die Römer hatten eine große Anzahl an Speisen, die man auf den Märkten kaufen konnte. Dennoch sind in der folgenden Liste sieben Obst- und Gemüsesorten versteckt, die man damals noch nicht bekommen konnte. Wenn du diese in der vorgegebenen Reihenfolge einträgst, ergeben die umrahmten Felder den Namen einer Frucht, die der berühmte Feldherr Lukullus aus Asien nach Italien gebracht haben soll.

→

Sellerie – Kartoffeln – Lauch – Pfirsiche – Kastanien – Melonen – Quitten – Kiwi – Äpfel – Feigen – Kohl – Grapefruit – Birnen – Spargel – Bohnen – Aprikosen – Ananas – Zwiebeln – Walnüsse – Möhren – Pflaumen – Avocados – Mandeln – Rettich – Litschi – Datteln – Weintrauben – Salat – Erdnüsse

6 Piscatorem piscis amare potest?* *Dativformen zuordnen und bilden*

Trage die Dativformen auf die richtigen Fische ein. Bilde dann jeweils den anderen Numerus.

vesti – filiis – verbo – matribus – copiae – seni – pueris – saluti – agminibus – gentibus

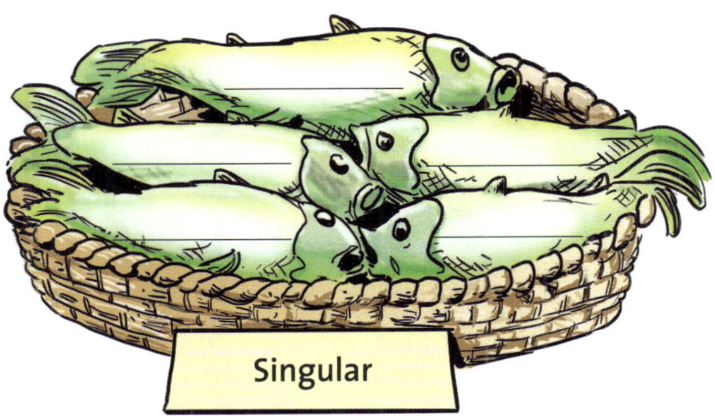

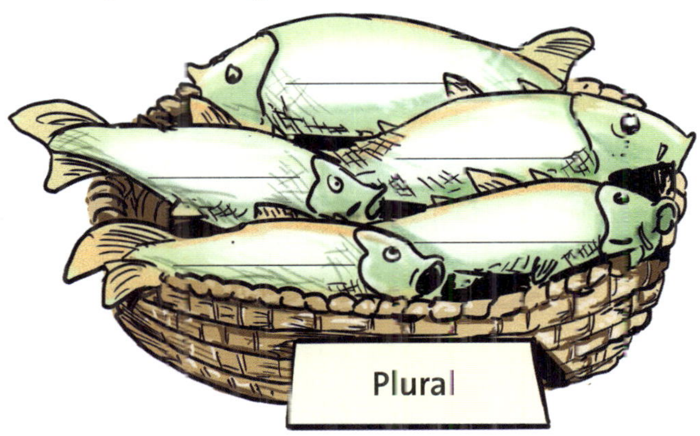

7 Wem gehört es? *Dativ des Besitzers übersetzen*

Übersetze die Sätze.

a) Dominae pecunia est. b) Servis aedes non sunt. c) Rutilio mercatori bestiae sunt. d) Aulo et Gaio amici sunt.

Cave canem!	„Hüte dich vor dem Hund!" – Diese Warnung war oft an Hauseingängen angebracht.
ab ovo usque ad mala	„vom Ei bis zu den Äpfeln" – Eine römische cena begann mit Eiern (ovum: Ei) und endete mit Obst zum Dessert (mālum: Apfel). Heute bedeutet diese Aussage, dass man etwas von Anfang bis Ende macht.
Piscatorem piscis amare potest?	„Kann ein Fisch den Fischer lieben?" – So fragte der römische Dichter Martial.

TESTE DICH SELBST: Die römische Familie

Du kannst bei jeder Aufgabe Gegenstände sammeln, die für ein Gastmahl wichtig sind. Je mehr Gegenstände du erhältst, desto mehr Gäste kannst du einladen und bewirten.

1 Quot anni?* → 9 Amphoren

Setze unter die Abbildungen die richtige lateinische Bezeichnung (je 1 Amphore) und gib den Genitiv Singular (je 1 Amphore) und Plural (je 1 Amphore) an:

Nom. Sg.			
Gen. Sg.			
Gen. Pl.			

2 Ordina!* → 13 Becher

Ordne die folgenden Wörter im Nominativ Singular den richtigen Feldern zu.

KINDER	MÄNNER	FRAUEN

patribus – filium – uxores – mulierem – matre – puellae – senem – dominarum – servam – filia – liberti – sororum – servo

3 Sag mir „quando?", sag mir „wann?" → 6 Teller

Kreuze sechs Zeitangaben an.

☐ ibi	☐ diu	☐ sine	☐ nunc
☐ hodie	☐ etiam	☐ statim	☐ semper
☐ numquam	☐ circiter	☐ postea	

4 Wer suchet, der findet! → 12 Teller

Den folgenden Substantiven sind die Endungen verloren gegangen. Nur eines in der Zeile konnte seinen Kasus bewahren. Beschaffe seinen Nachbarn die passenden Endungen.

1. **cib-um**	oration-	aqu-	gaudi-
2. salut-	**libert-i**	copi-	senator-
3. **mor-i**	verb-	puer-	aed-
4. hospit-	auxili-	**itiner-e**	soror-

5 Übersetze folgende Sätze. → pro Satz 3 Servietten

a) Copia servorum adest. b) Deo sacrum praebemus. c) Mater cum sorore accedit. d) Pater amicum filii laudat. e) Equis cibum porto. f) In itinere templa videmus.

6 Bist du fit? → 6 Schüsseln

a) Wie heißt der Gen. Pl. von copia?
b) Wie heißt der Nom. und Akk. Pl. von forum?
c) Welche Endung hat der Akk. Pl. der o-Dekl.?
d) Wie heißt der Dat. Sg. von mos?
e) Wie heißt der Vok. Sg. von Marcus?
f) Wie heißt der Gen. Sg. von gens?

7 Die römische Familie → 6 Schüsseln

Ordne die folgenden Begriffe den Ziffern im Text richtig zu.

liberti	pater	servi	liberi	mater	clientes (Klienten)

Zu (1) gehören nicht nur natürliche (1), sondern auch die adoptierten (1) sowie sämtliche Enkel. Mit dem Tod des pater familias werden (1) frei und können über das ererbte Vermögen verfügen.
(2) sind verpflichtet, ihren ehemaligen Herrn zu unterstützen. Sie müssen diesen regelmäßig besuchen und sind auch verpflichtet, ihm einen Teil ihrer Einkünfte zu überlassen.
(3) übt die väterliche Gewalt über die gesamte Familie aus, die seinen Befehlen gehorchen muss. Freigelassene und Klienten sind ihm zu Unterstützung und Dank verpflichtet. Er kann allein über den Familienbesitz verfügen und vertritt die Familie nach außen.
(4) dürfen nicht heiraten, können aber, wenn der Herr es erlaubt, zusammen leben und Kinder haben. Sie sind im Haus, in der Landwirtschaft oder in handwerklichen Betrieben beschäftigt.
(5) schließen sich freiwillig dem Gefolge eines Patriziers bzw. eines pater familias an. Jeden Morgen besuchen sie ihren Patron, um Aufgaben von ihm entgegenzunehmen. Dafür bekommen sie kleine Geschenke, Geldbeträge oder Einladungen zum Essen. Das Ansehen des Patrons steigt, je mehr (5) er hat.
(6) ist für den Haushalt und die Einteilung der Sklaven des Hauses zuständig. Sie steht unter der Macht ihres Vaters oder Ehemannes. Sie kann ihr Vermögen behalten und es im Falle einer Scheidung zurückverlangen. Eine wichtige Aufgabe der (6) ist es, einen Sohn zu gebären und so den Fortbestand der gens zu sichern.

Anzahl der für das Festmahl gesammelten Gegenstände:			
70 – 63	62 – 46	45 – 25	24 – 0
Optime! Sehr gut!	**Bene!** Gut!	**In angustiis es!** Du bist in Schwierigkeiten!	**Male se res habet!** Es steht schlecht!
Deinen Gästen wird es sehr gut gefallen!	Deine Gäste werden sich bei dir wohlfühlen!	Du wirst nur Wasser und Brot anbieten können!	Deine Gäste sollten besser zu Hause bleiben!

Familie: Bezeichnungen, Aufbau der Familie	**Deklinationen:** Kasusendungen / Deklinationsklassen	**Übersetzung der Kasus ins Deutsche**	**Bedeutung der Vokabeln**
Das weiß ich / kenne ich:			
Das kann ich:			
Das muss ich noch üben:			

Quot anni?	„Wie viele Jahre?“
Ordina!	„Ordne!“
Dic mihi „quando?“	„Sag mir, wann?“

NON SCHOLAE, SED VITAE DISCIMUS*

Schule bei den Römern

Im alten Rom konnte nicht jedes Kind eine Schule besuchen, sondern es erhielt nur derjenige Unterricht, dessen Eltern die Stunden auch bezahlen konnten. Lehrer boten häufig auf öffentlichen Plätzen, z.B. unter Säulengängen, ihre Dienste an, die sie sich bezahlen ließen. Deshalb waren viele Römer stolz darauf, wenn sie eine Schule besucht hatten und lesen und schreiben konnten.

Aufbau des Unterrichts

Zunächst besuchten die Kinder im Alter von 7–12 Jahren eine Elementarschule, um lesen, schreiben und rechnen zu lernen. Dann versuchte der magister ludi ihnen auch die Dichtungen Vergils, Homers und anderer lateinischer und griechischer Autoren nahe zu bringen. Den meisten Unterrichtsstoff mussten die Schüler auswendig lernen. Der Lehrer belohnte seine Schüler für gute Leistungen, schlechte bestrafte er – häufig auch mit Schlägen.

Wer es sich leisten konnte, besuchte danach den Unterricht eines grammaticus, bei dem man hauptsächlich die Grammatik der lateinischen und griechischen Sprache anhand von Werken griechischer und lateinischer Klassiker lernte. Männlichen Jugendlichen aus reichem Hause war danach das Studium der Rhetorik (Kunst der öffentlichen Rede) und der Philosophie vorbehalten. Meist waren es junge Patrizier, die diesen Unterricht besuchten, um eine politische Karriere zu machen.

Das Schulrelief

Einige stellten ihre Ausbildung auch öffentlich zur Schau. Diese wird z.B. auf einem Relief des Grabbaus von Gaius Albinius Asper und seiner Ehefrau Secundia Restituta aus der Zeit 180–185 n. Chr. gezeigt. Es ist heute im Landesmuseum Trier zu sehen.

Du siehst hier zwei Schüler, die mit ihrem Lehrer zusammensitzen und geöffnete Buchrollen in den Händen halten. Sieh dir die Abbildung des Reliefs genau an und beantworte dazu folgende Fragen:

1. Wodurch unterscheidet sich der Lehrer von seinen Schülern?	
2. Betrachte die Sitzgelegenheiten der Beteiligten. Welche Unterschiede kannst du hier feststellen und was könnten sie verdeutlichen?	
3. Sieh dir die Haltung des Lehrers genau an und beschreibe sie kurz.	
4. Betrachten wir nun die vierte Person, die von rechts an die Gruppe herantritt. Auch hierbei handelt es sich um einen Schüler. Worin unterscheidet er sich von den beiden anderen?	
5. Was trägt der Schüler in der Hand?	

Fassen wir nun die Gesamtsituation, die uns auf dem Relief gezeigt wird, zusammen. Zur Beurteilung solltest du auch die Informationen aus dem Hinführungstext heranziehen.

6. Welchen Unterricht erhalten die beiden sitzenden Schüler?	
7. Wie lange müssen die beiden an diesem Tag noch in der Schule bleiben?	
8. Worin wird der stehende Schüler unterrichtet werden?	

Verfasse nun eine kurze Erzählung / einen kurzen Dialog, der die Szene wiedergibt. Was sagt der Lehrer, was denken die Schüler? Hat der Neuankömmling seine Hausaufgaben gemacht? ...

Non scholae, sed vitae discimus!

„Nicht für die Schule, für das Leben lernen wir!“ Der römische Philosoph Seneca verwendete diesen Spruch genau anders herum. Überlege, was er mit diesen Worten kritisiert haben könnte.

8 WORT UND FORM

1 Variatio delectat* *Formen bilden und übersetzen*

a) Tausche Singular und Plural. Übersetze die neu entstandenen Verbformen.

spectavit		laboravi		fui	
spectaverunt	tacuimus		audivistis		portaverunt
sie haben betrachtet					

b) Tausche Präsens und Perfekt. Übersetze die neu entstandenen Verbformen.

voco		intras		es	
vocavi	habuisti		dubitaverunt		doluistis
ich habe gerufen					

c) Übersetze.

wir haben gehört		du hast geschwiegen	
er hat betreten		sie sind gewesen	

2 Latet anguis in herba!* *Formen bilden*

Schlängle dich durch den Formendschungel und übersetze dann die gebildeten Formen. Wenn du alles richtig gemacht hast, beißt sich die Schlange in den Schwanz!

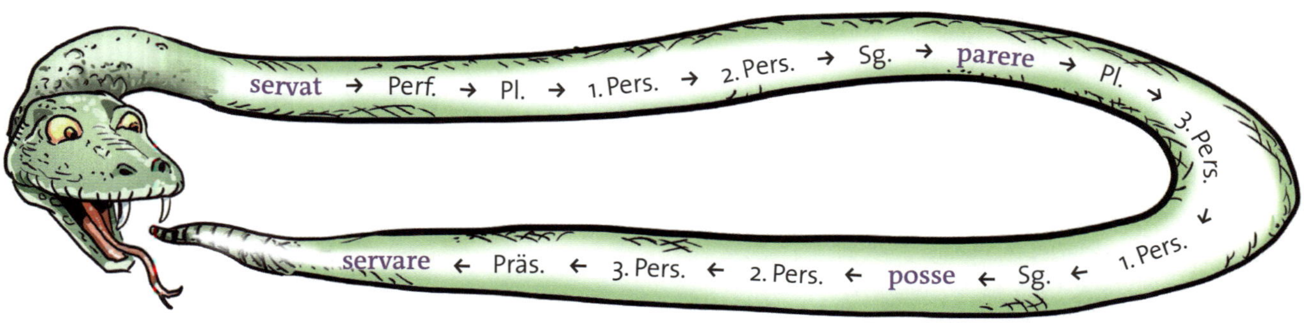

3 Hast du den Durchblick? *Formen analysieren*

Schreibe jeweils die Form heraus, die nicht in die Reihe passt. Begründe.

a) capis – estis – vivitis – aspicitis – probatis

b) scit – ducit – capit – orat – doluit

c) petivi – habuit – fui – completis – voluistis

d) este – mitte – videte – capite – date

SATZ, TEXT UND KULTUR

4 Publius und Philippus als Retter in der Not *Formen bilden und Text übersetzen*

Setze die Verben in die richtige Perfektform und übersetze.

Publius cum Philippo in forum ________________ (**properare**). Ibi amici aedificia et templa deorum ________________ (**spectare**). Etiam tabernas mercatorum ________________ (**intrare**). Postea comites curiam

__________ (petere). Subito autem Publius __________ (tacere), nam clamorem mulieris __________ (audire): „Adeste mihi! Fur me (mich) __________ (petere) et pecuniam __________ (corripere)."

Statim pueris mulieri adesse __________ (placere), sed furem non iam __________ (videre).

5 Mit Argusaugen* *Geschichtsquellen deuten*

a) Vergleiche die Ergebnisse der Wissenschaft (II) mit dem Mythos (I).

b) Der Mythos von der Gründung Roms ist insgesamt sehr viel jünger als die historischen Ereignisse und einige Elemente dieses Mythos finden sich auch in anderen Kulturen. Informiere dich über folgende Namen und zeige Parallelen zum Gründungsmythos der Römer: Amphion und Zethos, Moses, Amalthea, Kain und Abel. Überlege, warum gerade Gott Mars eine zentrale Rolle zukommt.

I Wie alles begann ...

Jedes Jahr feiern die Römer den Geburtstag ihrer Stadt, die angeblich am 21. April 753 v. Chr. gegründet wurde. Damals lebten in der Gegend des heutigen Rom die Zwillinge Romulus und Remus. Ihre Eltern waren der römische Kriegsgott Mars und Rhea Silvia, die Tochter des Königs Numitor. Diesen stürzte sein machthungriger Bruder Amulius vom Thron, die Zwillinge ließ er in einem Weidenkörbchen auf dem Fluss Tiber aussetzen. Mars lenkte das Körbchen in eine Felsenhöhle und schickte seinen Söhnen eine Wölfin, das Tier, das ihm heilig war, zu Hilfe. Sie säugte die Jungen, bis nach einigen Tagen der Hirte Faustulus die Zwillinge fand und gemeinsam mit seiner Frau Acca liebevoll aufzog. Als junge Männer beschlossen Romulus und Remus, an der Stelle, an der sie einst gefunden worden waren, eine Stadt zu gründen. Weil sie sich über den Namen der Stadt nicht einigen konnten, beobachteten sie den Flug der Vögel, um den Willen der Götter in Erfahrung zu bringen. Remus sah sechs Geier am Himmel, über Romulus flogen sogar zwölf Geier hinweg. Ein eindeutiges Ergebnis! Romulus zog eine Furche, die den Verlauf der künftigen Stadtmauer markieren sollte. Weil Remus sich mit dem Ausgang des Orakels nicht zufriedengeben wollte und deshalb seinen Bruder verspottete, wurde Romulus zornig und erschlug seinen Bruder. Dann gab er der Stadt seinen Namen und wurde ihr erster König.

Nach Romulus sollen noch weitere sechs Könige über Rom geherrscht haben. Sie ließen das Forum bauen, Straßen pflastern, die cloaca maxima (Abwasserkanal) anlegen und zahlreiche Tempel errichten. So wurde Rom zu einer großen und mächtigen Stadt.

II Erste Siedlungsspuren gefunden

Archäologische Forschungen beweisen, dass der Palatin, der nahe am Tiber liegt, bereits im 10. Jh. v. Chr. vom Stamm der Latiner besiedelt war. Die Latiner waren Hirten und Bauern, die Schafe, Rinder und Pferde besaßen und in einfachen Hütten lebten. Die Siedlung lag in der Nähe einer Handelsstraße, auf der die Händler ihre Waren von der Mündung des Tibers ins Hinterland brachten. Allmählich entwickelte sich die Siedlung so zu einem lebendigen Handelsplatz, der durch Gräben und Wälle geschützt wurde. Die Etrusker, die das Gebiet nördlich des Tibers beherrschten, eroberten diesen Handelsplatz im 7. Jh. v. Chr. und bauten ihn zu einer Stadt aus. Die Stadt erhielt ihren Namen nach dem etruskischen Adelsgeschlecht der Ruma. Die Stadtgrenze wurde durch eine mächtige Mauer geschützt. Die Religion der Etrusker war für die Römer von Anfang an besonders wichtig, z. B. lasen auch die römischen Priester den Willen der Götter aus den Eingeweiden geschlachteter Tiere oder aus dem Flug der Vögel.

Variatio delectat!	„Abwechslung macht Spaß!"
Latet anguis in herba!	„Verborgen liegt eine Schlange im Gras!" – Beim römischen Dichter Vergil ist es die Warnung vor einer trügerischen Gefahr.
mit Argusaugen	Argus war ein Riese mit hundert Augen, dem nichts entging.

9 WORT UND FORM

1 Das A und O!* *Formen erkennen*

Zeichne die Akkusativschlange am Tiberufer von links nach rechts, indem du die Akkusativ-Formen farbig markierst.

patria	periculi	filiarum	deae	ripa	amicorum	fluminis	montibus
gentibus	pericula	comites	patriam	pacis	lacrimis	deorum	patriae
gaudii	clamorem	hostium	hostes	pacem	lacrimas	hospitum	viris
amicos	iram	patria	lacrimae	comitum	urbem	aquam	maioribus
gentium	populorum	mensa	matre	mensae	riparum	ripas	populos
filii	deis	dearum	munere	paci	maritorum	liberis	deum
filiis	vinis	gentis	viris	virorum	virum	tabernas	vinum
hospitum	gladiis	ponte	periculo	filius	maritos	maiorum	negotiorum

2 Die Suche geht weiter ... *Wortgruppen bilden*

Ordne den Substantiven die passenden Infinitive zu. Bilde auch den Infinitiv Perfekt.

defendere – esse – pugnare – tenere – venire – audire – stare – parere – petere

in urbem	pacem	cum hostibus
clamorem	lacrimas	in periculo
parentibus	in ripa	templum

3 Hilfe! *Formen erkennen*

Paul ist verzweifelt! Alle Substantive enden hier auf -um. Hilf ihm, alle Wörter zu finden, die nicht Genitiv Plural sind. Ihre Anfangsbuchstaben ergeben in der richtigen Reihenfolge den Namen eines berühmten Römers, der sich unerbittlich für die alten Traditionen einsetzte.

urbium	amorum	murorum	templum	salutum	montium
consilium	telorum	ludorum	senum	parentum	oculum
hostium	amicum	riparum	servorum	gentium	senatorum
periculorum	fratrum	virorum	agminum	itinerum	mulierum

Lösungswort: ______________________________

4 Kontakte knüpfen ... *Übersetzungen zuordnen*

tandem	autem	etiam	tum	deinde	statim	iam

dann	sofort	endlich	schon	auch	aber	darauf

5 Amicos fortuna adiuvat* *Inhalte erschließen und veranschaulichen*

Markiere jeweils das Verb, das den AcI auslöst, den Akkusativ und den Infinitiv.

a) Marcum cum amicis in ripa Tiberis ludere[1] videmus.

Subito Flavius Marcum in aquam cadere[2] videt.

Flavius Marcum amicos vocare audit.

Flavius ceteros[3] amicos non adesse scit.

Servus Flavium Marcum amicum servare cupit.

b) Servus Flavium Marcum amicum servavisse dicit.

Pater Flavium filium servavisse scit.

Marcus Flavium amicum esse putat.

[1]lūdere spielen [2]cadere fallen [3]cēterī die übrigen

6 Viri vere Romani!* *Formen bilden und Text übersetzen*

Nachdem Mamercus in der Taverne des Manius über seine Erlebnisse am Fons Sublicius erzählt hat, belauscht er entsetzt ein Gespräch zwischen Manius und einem anderen Gast. Setze die fehlenden Endungen ein und übersetze den Text.

Gast: „Audio Mamerc________ contra[1] hostes non pugn________. Scis Mamerc________ contra Tuscos non pugn________." **Manius:** „Ego Mamercum non amo. Audio Mamerc________ etiam fle________! Mamerc________ vir________ es________ non puto." **Gast:** „Vinum praebe mihi, amice Nos[2] viri sumus!"

[1]contrā gegen [2]nōs wir

7 Secunda scit ... *Satzstrukturen erkennen und bilden*

Die Frau des Horatius Cocles ist unzufrieden; schon wieder muss ihr Mann in den Kampf ziehen. Setze in den AcI, was sie ihrer Nachbarin Sempronia erzählt. Leite alle Sätze ein mit „Secunda scit ..."

a) Horatius Romanus est. b) Horatius multos[1] servos habet. c) Servi in agro[2] Horatii laborant, sed Horatio non parent. d) Horatius semper pugnare debet. e) Romani enim cum hostibus pugnant. f) Itaque servi Horatii vilico[3] parent.

[1]multī viele [2]in agrō auf dem Feld [3]vīlicus Gutsverwalter

das A und O	Es geht um Grundsätzliches, denn Alpha und Omega sind der erste und letzte Buchstabe des griechischen Alphabets.
Amicos fortuna adiuvat!	„Den Freunden hilft das Glück!" – Eigentlich heißt es fortes: den Tapferen. Wie heißt unser Sprichwort?
viri vere Romani	„echte Römer"

WORT UND FORM

1 Par pro pari* *Formen zuordnen und bilden*

a) Suche die richtigen Paare aus beiden Säcken zusammen und schreibe sie heraus. Wechsle dann zwischen Singular und Plural.

matribus – urbs – deo
gentem – calamitate – templa
agmen – hostium – hominem

magna – magnum – totam
bonis – multorum – miserum
magna – bono – magna

b) Bilde selbst Paare in verschiedenen Kasus.

2 Gegensätze ziehen sich an! *Synonyme und Antonyme bilden*

Stelle bedeutungsähnliche (Synonyme) und bedeutungsgegensätzliche (Antonyme) Wortpaare zusammen.

properare	numquam	parere	praebere	post
ante	emere	videre	velle	dare
flere	aspicere	cupere	contendere	semper
vendere	dolere	iubere		

3 SchlachtFELD *Sachfelder bilden*

Die folgenden lateinischen Wörter bilden ein Sachfeld. Finde einen passenden Oberbegriff. Bilde nach diesem Muster selbst ein Sachfeld deiner Wahl.

	pugnare	gladius	hostis	necare

SATZ, TEXT UND KULTUR

4 Sic est!* *Sätze bilden und übersetzen*

Bilde nach dem folgenden Beispiel sinnvolle Sätze: Uxor bona est. Übersetze dann.

liberi – ira – frater – nex – vir –
auxilium – parentes – filii – uxor

magnus – multus – miser –
bonus – superbus – ultimus

5 Nachts am Lagerfeuer *Sätze bilden*

Ergänze, was der Etrusker Afuna seinen Freunden über die Niederlage der Tusci am Pons Sublicius erzählt.

Romani / Tusci ...		Scio ...
a) pontem tenent.	→	Romanos pontem tenuisse.
b) ad ripam properant.	→	
c) in periculo sunt.	→	
d) cum hostibus pugnant.	→	

6 Echte Römer weinen nicht *Formen zuordnen und Text übersetzen*

Setze die gegebenen Adjektivformen an die richtige Stelle und übersetze.

multi – superbi – magnam – tuti – magna – misera – boni

Post necem Remi __________ Romani lacrimas non iam tenuerunt. Sorte __________ adulescentis doluerunt. Sed Romulus __________ voce: „Parete mihi, viri __________ ! Sortem Remi __________ flere non debetis. Nam Remus murum ridere et ita __________ iniuriam facere non dubitavit. Tandem __________ ab hostibus sumus; itaque gaudete muro!“

7 Wie alles begann ... *Text analysieren und Schaubild erstellen*

a) Berichtige die Fehler im folgenden Text.
b) Male einen „sagen“haften Stammbaum der Römer. Ergänze fehlende Namen.

Nach der Eroberung von Athen schaukelte ein Boot auf den Wellen des Pazifik in Richtung Italien. Glückliches Rom! Hier kommt dein Begründer! Es ist Äneas mit seinem Vater Anchises und seinem Sohn Julus (Ascanius), die sich aus dem brennenden Athen gerettet hatten und nun nach langer Irrfahrt in Latium an Land gingen. König Latinus empfing sie. Er weidete gerade seine Ziegen und sagte: „Jetzt kann die römische Geschichte beginnen!“
Er irrte sich. Es dauerte noch geschlagene 200 Jahre bis zum ersten Spatenstich. Den machte bekanntlich Romulus. Romulus und Remus waren direkte Nachfahren vom Äneasjunior und der Tochter des Ziegen-Latinus. Aber sie waren etwas mysteriöse Nachkommen, denn einen Mann, der – wäre alles mit rechten Dingen zugegangen – ihr Vater hätte sein müssen, gab es nicht. Nur die Mutter war echt: Tochter des guten alten Königs Amulius von Alba Longa, das noch Julus, der Sohn des Äneas, gegründet hatte. Die Königstochter ging im Walde so für sich hin und besichtigte gerade eine Grotte, da passierte es: Gott Jupiter trat aus dem Dunkel, ein Wort gab das andere und nach neun Monaten erblickten Romulus und Remus das Licht der Welt.
Aber es gab ein Problem: Es saß nicht mehr Großvater Amulius auf dem Thron, denn sein Onkel hatte ihn inzwischen verdrängt. Dieser Mensch warf nur einen einzigen Blick auf die stämmigen Zwillinge, um zu wissen, dass sein Thron wackelte.
Das Weitere kennt ihr: den Tiber, die Ziege, den Hirten Faustulus, die Vertreibung des Tyrannen und die Suche nach einem geeigneten Platz, um eine Stadt zu gründen. Und schließlich fand Romulus, dass Zwillinge um 50 Prozent überbesetzt seien. Remus hatte von da an schlechte Karten. Nach dieser nicht gerade rühmlichen Aktion wischte sich Romulus den Schweiß von der Stirn, nahm einen Spaten und gründete Rom – 773: Rom kroch aus dem Ei!
(nach: Joachim Fernau: Caesar lässt grüßen. Die Geschichte der Römer. 5. Aufl. Berlin 1993.)

par pro pari	„Gleich zu gleich“ sagte schon der Komödiendichter Terenz.
Sic est!	„So ist es!“

WORT UND FORM

1 Victoria! *Sachfeld und Perfektformen bilden*

a) Notiere zum Bild lateinische Substantive und Verben, die du bereits kennst. Ergänze deine Liste mit Hilfe des Vokabelverzeichnisses im Textband.

b) Ergänze passende Vokabeln aus Lektion 11.

c) Bilde zu den verwendeten Verben der Lektion 11 die 3. Pers. Sg. Präsens und Perfekt.

2 Fec.* *Perfektformen bilden*

a) Suche alle Perfektformen heraus und ordne sie nach der Art der Perfektbildung in eine Tabelle in deinem Heft ein. Die ersten Buchstaben der übrigen Wörter ergeben einen für die Römer sehr wichtigen Wertbegriff, der Pflichterfüllung, Gehorsam gegenüber den Göttern und Menschen bedeutet.

dedi – pugnas – fecisti – venistis – restitit – intro – risistis – emit – animadvertimus – duximus – vocavistis – pepulistis – tacet – cognovi – defendi – petivistis – tenui – cepimus – amittit – vidi – cucurrerunt – stetisti – aspexi – accessistis – servat – censuerunt

v-Perfekt	u-Perfekt	s-Perfekt	Dehnungsperf.	o. Stammv.	Reduplikation
...	...	...	...	...	...

Lösungswort: | | | | | | |

b) Übersetze die Perfektformen.

c) Bilde zu den lateinischen Perfektformen die entsprechenden Präsensformen.

SATZ, TEXT UND KULTUR

3 Hannibal ad portas!* *Personalpronomina anwenden und Text übersetzen*

Setze die gegebenen Personalpronomina sinnvoll in die Lücken. Übersetze dann.

tu | mecum | mihi (2) | vobiscum | me | nos

C. Servilius consul: „Credite __________, viri! Hannibal __________ petere cupit. Itaque non dubito __________ patriam defendere." Sed Cassius senator: „__________ filios tuos non amisisti, __________ autem unus solum restat." Tum Servilius: „Tamen portas urbis aperire non debemus. Hannibal __________ non terret. Venite __________ et pugnate!"

4 Das letzte Wort hat immer der Sieger!? *Sachwissen anwenden*

Hannibal, der berühmteste Karthager aller Zeiten, wurde uneingeschränkt bewundert, aber auch abgrundtief verachtet, denn fast alles, was wir über Hannibal und die Karthager in Erfahrung bringen können, stammt aus der Feder ihrer Gegner. Auch das vom römischen Geschichtsschreiber Livius überlieferte Kurzporträt Hannibals kann das verdeutlichen:

> „Er zeigte Kühnheit in höchstem Grade und Besonnenheit. Hitze und Kälte ertrug er gleich gut, die Menge seiner Speisen und Getränke wurde vom natürlichen Bedürfnis, nicht von der Genusssucht bestimmt. Seine Kleidung hob sich von der seinesgleichen keineswegs ab. Er war der beste Soldat zu Pferd und auch zu Fuß. Diesen so großen Tugenden hielten übergroße Laster die Waage: eine unmenschliche Grausamkeit, eine mehr als punische Unredlichkeit; ihn band keine Götterfurcht, kein Eid, keine fromme Gewissenhaftigkeit." (Livius, XXI 4)

Setze dich vor dem Hintergrund dieses Porträts mit der Aussage „Das letzte Wort hat immer der Sieger" kritisch auseinander. Beachte, dass uns ein römischer Schriftsteller diese Charakteristik Hannibals hinterlassen hat.

TIPP: Hans Baumann erzählt in seinem Jugendbuch „Ich zog mit Hannibal" eine spannende Geschichte über Hannibals Überquerung der Alpen aus der Sicht des jungen Elefantentreibers Suru.

5 In concreto* *Sachwissen anwenden*

Gesucht ist der lateinische Begriff für einen wichtigen Mann im römischen Staat. Beantworte dazu die folgenden Fragen, notiere den Buchstaben der gewählten Antwort und bringe die erhaltenen Buchstaben in die richtige Reihenfolge:

a) **Quem (wen) Faustulus servavit domumque portavit?** → filias Sabinorum (**T**) – Accam uxorem (**S**) – Romulum et Remum (**L**)
b) **Cur Romulus Remum necavit? Romulus Remum necavit, ...** → quod Remus Romulum petivit (**B**) – quod Remus urbem cepit (**M**) – quod Remus murum risit (**C**)
c) **Quid Brutus post mortem Lucretiae clamavit?** → „Expellite totam gentem Tarquiniorum!" (**N**) – „Necate filium regis!" (**D**) – „Capite arma et petite Romam!" (**F**)
d) **Quis rex ultimus Romanorum fuit?** → Tarquinius Superbus (**S**) – Sextus Tarquinius (**H**) – Servius Tullius (**A**)
e) **Ubi Hannibal legiones Romanas vicit?** → in Africa (**O**) – in Italia (**U**) – in Alpibus (**P**)
f) **Ubi patria Hannibalis fuit?** → in Italia (**G**) – in Asia (**R**) – in Africa (**O**)

Lösungswort: ☐ ☐ ☐ ☐ ☐ ☐

Formuliere nach dem Muster selbst eine Frage an deine Mitschüler.

fec.	„fecit" – „hat es gemacht" steht oft auf Kunstgegenständen mit dem Namen des Künstlers.
Hannibal ad portas!	„Hannibal vor den Toren!" – So lautet die Formulierung für eine sehr große Gefahr.
in concreto	„im Konkreten", d.h. im Besonderen, am Einzelfall (betrachtet)

WORT UND FORM

1 Verhältnisgleichungen *Relativpronomina analysieren und Pronominalformen bilden*

Ergänze die fehlenden Formen. Nur Mut: Bilde selbst eine Verhältnisgleichung.

a) quam	:	quas	=	quem	:	
b) quae	:	quod	=		:	qui
c)	:	quarum	=	cui	:	quibus
d)	:	quas	=		:	

2 Et cetera!* *Relativpronomina analysieren und Pronominalformen bilden*

Es darf immer nur der Kasus oder der Numerus oder das Genus verändert werden. Vervollständige.

quam → Pl. → Gen. → Maskulinum → Sg. → Dat. → Neutrum → Akk. → Pl. → Dat.

3 Quodlibet!* *Wortarten bestimmen und analysieren*

Unterstreiche Pronominalformen mit roter, Adverbien mit grüner, Adjektivformen mit blauer Farbe. Bestimme die Formen, die jeweils übrigbleiben.

a) vino – quo – taceo – vero – misero – pro – bono – ego – mihi – diu

b) cui – toti – tutae – cuius – te – repente – es – quibus – bene – urbi

c) tu – magnae – hodie – certe – aperio – quae – vos – quarum – ultima – dona

SATZ, TEXT UND KULTUR

4 Alles ist relativ? *Sätze übersetzen und analysieren*

Wie lautet die richtige Übersetzung? Kreuze sie an. Kennzeichne den / die Fehler in den anderen Sätzen.

a) **Acca nennt die Jungen, die Faustulus nach Hause gebracht hat, ihre Söhne.**
1. Acca pueros, qui Faustulum domum portaverunt, filios appellat.
2. Acca pueros, quos Faustulus domum portavit, filios appellat.
3. Acca pueros, quem Faustulus domum portavit, filios appellat.

b) **Später lacht Remus über die Mauer, welche die Männer des Romulus gebaut haben.**
1. Postea Remus murum ridet, quem viri Romuli muniverunt.
2. Postea Remus muros ridet, qui viros Romuli muniverunt.
3. Postea Remus murum ridet, quod viri Romuli muniverunt.

c) **Sofort erzählt Faustulus Acca vom Tod des Remus. Diese beklagt das unglückliche Schicksal.**
1. Statim Faustulus Accam de nece Remi narrat. Quae sortem miseram flet.
2. Statim Faustulus Accae de nece Remi narrat. Qui sortem miseram flet.
3. Statim Faustulus Accae de nece Remi narrat. Quae sortem miseram flet.

5 Poeni *Sätze bilden und übersetzen*

Die Phönizier hatten ausgehend von ihrem Stammland im heutigen Libanon eine Reihe von Siedlungen und Handelsstätten im westlichen Mittelmeer gegründet, von denen das im 8. Jh. v. Chr. gegründete Karthago am bedeutendsten war. Die Poeni, wie die Römer sie nannten, dehnten ihre Macht auch auf Sizilien aus. – Füge die Relativsätze richtig ein und übersetze:

qui imperator Poenorum est – quae prima provincia (!) Romanorum est – qui elephantis pugnant – qui Siciliam ceperunt – qui filius Hamilcaris est

a) Romani Poenos, ______________________________, armis petunt.

b) Romani, ______________________________, Poenos expellunt.

c) Poeni Siciliam, ______________________________, relinquunt.

d) Postea Hamilcar, ______________________________, milites in Hispaniam (Spanien) ducit.

e) Hannibal, ______________________________, semper hostis Romanorum erat.

6 Heureka* – Zu welchem berühmten Denker aus Sizilien passt der Steckbrief?

„Gib mir einen Punkt, auf dem ich stehen kann, und ich werde die Erde bewegen", soll der geniale Mathematiker nach einer seiner vielen Erfindungen, nämlich der des Flaschenzugs, mit dem eine einzige Person ein Schiff vom Strand ins Meer ziehen konnte, gesagt haben. Die Einwohner von Syrakus waren stolz auf diesen Mitbürger, der um den Goldgehalt der Krone seines Herrschers zu bestimmen, mit dieser in die Badewanne stieg und so das spezifische Gewicht der Körper herausfand. Dass er dann nackt und schreiend durch Syrakus rannte, war allerdings eher peinlich. Dieser große Denker starb in einem Krieg (der zu den Nebenschauplätzen des Ringens zwischen Rom und Karthago gehörte), weil ein Römer bei der Erstürmung der Stadt Syrakus offensichtlich nicht wusste, wen er da vor sich hatte ...

7 Reges Romanorum *Sätze mit Relativpronomina übersetzen*

Lucius Ampelius verfasste im 2. Jh. n. Chr. ein Liber memorialis (Merkbüchlein) für seinen Sohn. Es enthält Wissenswertes über das Weltall und die Erde, die Götter und Menschen. Der magister ludi liest heute daraus im ludus über römische Könige vor. Übersetze die Informationen und verbinde die Bilder mit den passenden Königen.

a) **Romulus**, qui urbem munivit, ...

b) **Numa Pompilius**, qui sacra curabat, ...

c) **Tullus Hostilius**, qui Albam Longam (die Stadt Alba Longa) armis petivit, ...

d) **Ancus Marcius**, qui magistratus (Akk. Pl. die Beamten) ornavit, ...

e) **Tarquinius Superbus**, cuius mores Romanis non placuerunt, ...

1

2

3

4

5

et cetera	„und das Übrige" – etc. / usw.
quodlibet	„was beliebt" – ein buntes Durcheinander
Heureka!	„Ich hab's gefunden!" (griech.)

EXKURS: Cursus honorum

Du siehst hier den sog. **cursus honorum** („Ehrenlauf") römischer Staatsbeamter aus adeligen Familien (patricii). Wenn man aus einer adeligen gens kam, war es wichtig, diese **Ämterlaufbahn** einzuschlagen, um in politischen Dingen mitreden zu können. Hin und wieder gelang es tatkräftigen und ehrgeizigen Männern, die von den alteingesessenen Familien herablassend als **homines novi** bezeichnet wurden, politische Karriere zu machen. Zu diesen gehörte auch Marcus Tullius Cicero, den du in Lektion 16 kennengelernt hast.
Diese Stufenleiter des politischen Aufstiegs war genau festgelegt, ebenso wie die Dauer der Amtszeit und die Anzahl der Amtsinhaber. Die höchsten Staatsämter wechselten jährlich, damit niemand zu mächtig werden konnte (**Annuität**). Um eine zu große Machtfülle für einen Amtsinhaber auf Dauer zu verhindern, waren für jedes Amt zwei oder mehrere Männer vorgesehen, die Beschlüsse gemeinsam fällen mussten (**Kollegialität**).

Diese Ämterlaufbahn wurde auch deshalb cursus honorum genannt, da man sich die Ehre, dieses Amt zu bekleiden, nicht mit Geld entgelten ließ. Der römische Staatsdiener bestritt die hohen Ausgaben für sein öffentliches Amt aus eigener Tasche.

Die Stufenleiter, die du unten siehst, ist noch unvollständig beschriftet. Um diese ergänzen zu können, findest du auf der rechten Seite noch etwas ungeordnet einen Teil der Biografie von Marcus Tullius Cicero, der sich rühmte, alle Ämter **suo anno** (im vorgeschriebenen Mindestalter) erreicht zu haben. Stelle zunächst die Chronologie der Biografie Ciceros her. Trage dann anhand der Daten des Lebenslaufes die fehlenden Angaben in die Stufenleiter ein.

QUAESTOR
wechselnde Anzahl.
Mindestalter:
31 Jahre

Aufgaben:

Aufgaben:

Aufgaben:

Aufgaben:

CENSOR
Alle fünf Jahre wurden 2 Zensoren gewählt. Nur ehemalige Konsuln durften das Amt bekleiden.

Aufgaben:
- Erstellen von Bürgerverzeichnissen für die Festlegung von Steuern und der Wehrpflicht
- Überwachung des Finanzwesens
- oberste moralische Instanz im Staat

Marcus Tullius Cicero – Biografie

A Als er nach seiner Amtszeit wieder nach Rom zurückkehrte, war ihm ein Platz im Senat sicher und er konnte seine politische Karriere weiter betreiben. So erklomm er im Jahre 69 als Ädil die nächste Stufe der Amtsleiter. Er hatte die Aufsicht über die öffentlichen Spiele, während sich die anderen Amtsinhaber um die Aufsicht über Straßen, Wasserleitungen, Thermen und Märkte sowie um die Getreideversorgung kümmern mussten.

B Am 3. Januar 106 v. Chr. wurde Cicero in Arpinum (Norditalien) geboren. Im Jahr 91 kam er nach Rom und begann sofort seine Ausbildung als Anwalt und Politiker. Um seine Fähigkeiten als Redner zu vervollkommnen, reiste er 79 für zwei Jahre nach Griechenland.

C Nun war der Weg zum höchsten Amt der Republik frei. So bewarb sich Cicero für das Jahr 63 v. Chr. um das Konsulat. Durch seine erfolgreiche Tätigkeit als Anwalt und Redner hatte er große Chancen, die Wahl zu gewinnen. Trotz zahlreicher Hindernisse gelang es dem homo novus auf Anhieb, das Amt des Konsuls zu erreichen. Zusammen mit Gaius Antonius leitete er für ein Jahr die Geschicke der römischen Republik. Dazu gehörten die Führung sämtlicher Staatsgeschäfte und der Oberbefehl über das Heer.

D Nach seiner Rückkehr betrieb er seine politische Karriere und ging im Jahr 75 als Quästor mit dem Statthalter der Provinz nach Sizilien, wo er sich vornehmlich um die Finanzen der Provinz und die Verwaltung der Provinzkasse kümmerte. Ciceros Amtsführung war von großer Gewissenhaftigkeit und Ehrlichkeit geprägt, was ihm die Sizilier mit vielfältigen Ehrungen dankten.

E Drei Jahre später konnte Cicero nach einer erfolgreichen Wahl im Jahr 66 das Amt des Prätors übernehmen. Zu den wichtigsten Aufgaben des Prätors gehörten das Richteramt und die Übernahme des Gerichtsvorsitzes. Er erhielt den Vorsitz im Repetundengericht: Hier wurden römische Politiker angeklagt, die sich bei der Führung ihrer jeweiligen Ämter als bestechlich erwiesen hatten.

Diese Büste Ciceros stammt aus den Uffizien, dem größten Museum der italienischen Stadt Florenz.
Plutarch, ein griechischer Schriftsteller, der Biographien berühmter antiker Personen verfasst hat, behauptet, Cicero habe gern gelacht und gespottet, sein Gesicht habe meist eine ruhige, heitere Miene gezeigt.
Dies wirkt auf den Betrachter dieser Büste kaum so, denn Cicero zeigt hier eher missmutige, verdrießliche Gesichtszüge.
Vergleiche diese Abbildung mit der, die du im Textband auf S. 77 findest. Was könnte den Künstler bewogen haben, Cicero so darzustellen?

WORT UND FORM

1 Es ist alles relativ! *Formen bilden*

Füge zu den Relativpronomina die entsprechenden Formen von is, ea, id hinzu. Manchmal gibt es mehrere Möglichkeiten.

a) quibus		d) cuius	
b) qui		e) qua	
c) quae		f) cui	

2 Wer mit wem? *Kongruenz erkennen*

Ordne, wie im Beispiel gezeigt, die passenden Wörter einander zu.

ea	mulierem	ingenti
eae	**pericula**	misera
eam	consilio	vehementes
ea	hominis	potentem
eo	orationes	**ingentia**
eius	morte	vehementis

3 Schönheit ist relativ ... *Adjektive zuordnen*

Wenn du jedem Substantiv das richtige Adjektiv zugeordnet hast und die Buchstaben ordnest, erhältst du als Lösungswort ein ausgeprägtes Körperteil Kleopatras.

a) foro	A	ingentis	S	ingenti	L	ingens
b) fratrem	N	magnum	C	magnam	U	magnorum
c) scelus	U	vehemens	N	vehementis	T	vehementium
d) imperatore	E	potentes	A	potenti	M	potentis
e) exemplis	N	ingenti	R	ingentis	S	ingentibus

Lösungswort: _ _ _ _ _

SATZ, TEXT UND KULTUR

4 Audiatur et altera pars!* *Adjektive zuordnen und Text übersetzen*

Setze die Adjektive sinnvoll in die Lücken ein und übersetze.

ingentem | potentes | ingens | vehementi | ingentia | ingentibus

a) Hannibal cunctos viros ______________ Poenorum virtute gratiaque superavit. b) Copia militum, equorum, elephantorum, quos Hannibal in Italiam duxit, ______________ fuit. c) Dum milites Hannibalis montes Alpium superant, se ab ______________ periculis defenderunt. d) Poeni, quod iter per Alpes cum elephantis fecerunt, sibi ______________ gloriam (Ruhm) paraverunt. e) Hannibal, ubi legiones Romanas aspexit, comitibus ______________ oratione dixit: „Pugnate pro patria, vincite Romanos, parate vobis ______________ praemia, viri!“

5 Acta diurna* *Sprachen vergleichen*

Lies den folgenden Brief, den Ciceros Frau Terentia dem Sekretär Tiro für ihre Freundin Tertia in Pompeji diktiert hat.

a) Benenne anhand des lateinischen Textes Besonderheiten eines (römischen) Briefes.
b) Markiere im lateinischen Text folgende Formen bzw. Besonderheiten: relativer Satzanschluss (2) – Arten der Perfektbildung (6) – Ablativ der Zeit (2) – AcI – Imperativ

Terentia Tertiae suae salutem dicit!
Servus **epistulam** mihi dedit. Gratias tibi ago. Nunc verbis tuis respondere volo.
Multa nocte clamorem audivi. Paulo post surrexi, vestem cepi, in **culinam** properavi. Ibi duos servos terrui: Qui vinum cibosque **occultare** voluerunt. Magna voce servos e culina pepuli. Ea nocte non iam **dormire** potui.
Olim servi profecto laboraverunt. Quos hodie nobis non iam parere velle puto. Quid cogitas? **Vale!**

Terentia grüßt ihre Tertia!
Ein Sklave hat mir deinen **Brief** übergeben. Ich danke dir. Nun will ich auf deine Worte antworten.
Mitten in der Nacht hörte ich ein lautes Geräusch. Kurz darauf stand ich auf, nahm mein Gewand und eilte in die **Küche**. Dort erschreckte ich zwei Sklaven: Diese wollten Wein und Speisen **verbergen**. Mit lauter Stimme habe ich die Sklaven aus der Küche geworfen. In dieser Nacht konnte ich nicht mehr **schlafen**.
Früher arbeiteten die Sklaven tatsächlich. Ich glaube, dass diese uns heute nicht mehr gehorchen wollen. Was denkst du darüber? **Leb wohl!**

6 Ein etwas anderer Olymp ... *Personen charakterisieren*

Ordne die Vokabeln den richtigen Akteuren zu und finde selbst jeweils eine weitere Information. Erstelle dann einen Steckbrief für eine (antike) Persönlichkeit deiner Wahl.

hostis populi Romani – victor clarus Romanorum – mulier potens – imperator Poenorum – domina Aegypti – inimicus ingens Scipionis – dea pulchra – vir miser – imperator potens – amica pristina populi Romani

HANNIBAL	CLEOPATRA	CAESAR	

Audiatur et altera pars!	„Auch die andere Seite soll gehört werden!“ (Rechtsgrundsatz)
acta diurna	„tägliche Geschehnisse“ – von Cäsar eingeführte früheste uns bekannte Form der Zeitung, die von Sklaven vervielfältigt wurde. Aus diurna entstand it. *giornale*, e./f./d. *journal*.

TESTE DICH SELBST: RES GESTAE*

1 Stammbaum → 12 Lorbeerblätter

Ordne die folgenden Namen in den Stammbaum ein:

- Äneas
- Romulus
- Anchises
- Ascanius
- Venus
- Mars
- Remus
- Amulius
- Numitor
- Rhea Silvia
- Römer
- Troja

2 Eine Lippe riskieren!* → 24 Lorbeerblätter

Ein Sänger besingt die Gründung Roms und deren Vorgeschichte. Welche Vokabeln werden in seinem Lied sicher nicht vorkommen? Markiere sie und finde mit ihren Anfangsbuchstaben das Lösungswort.

arma – muris – calamitas – urbs – multitudo – rex – amica – ara – ira – auxilium – basilica – iniuria – lacrima – rostra (Rednertribüne) – mors – ripa – regnum – uxor – munus – forum – navis – mercator – periculum – capere – pax – hostis

Lösungswort: | L | | | | U | |

3 Was wäre gewesen, wenn ...? → 12 Lorbeerblätter

Tragicus, einem berühmten „Troubadix" der Römer, ist beim Bau des Colosseums ein Stein auf den Kopf gefallen. Seitdem bringt er alles durcheinander. Hilf ihm bei der richtigen Zuordnung der Informationen zu den Personen und Ereignissen ihres Lebens.

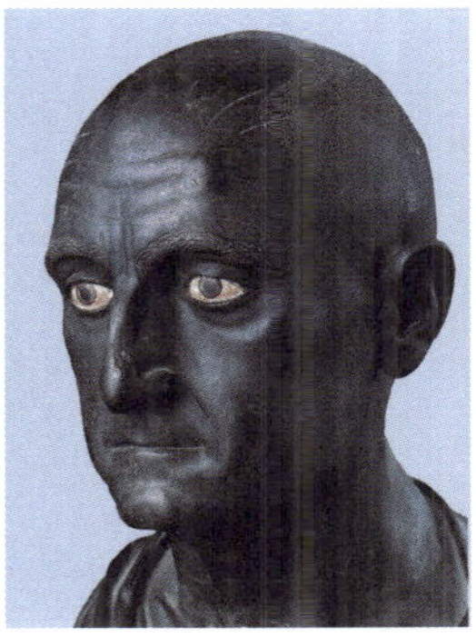

a) Scimus Hannibalem cum elephantis Alpes transisse (Inf. Perf. zu trānsīre überqueren).
b) Lucretia semper Collatino uxor bona fuit
c) Cum Cleopatra nave iter per Nilum fecit.
d) Qui imperator hostes in Africa, quae est patria Poenorum, superavit.
e) Hic imperator sibi Romae multos inimicos esse non ignoravit.
f) Is primus rex Romanorum fuit.
g) Quem regem ultimum Romanorum fuisse constat.
h) Quis nescit eum virum victorem totius Galliae fuisse?
i) Fratrem suum necavit, quod murum urbis risit.
j) Victoria sua pater Corneliae Romam a magno periculo liberavit.
k) Lupa (Wölfin) eum servavit et aluit.
l) Tarquinii iram Romanorum timuerunt et Romam relinquere properaverunt.

Anzahl der erbeuteten Lorbeerblätter:

48 – 42	41 – 35	34 – 23	22 – 13	12 – 0
Io triumphe! → Weiter so: Sonderurlaub!	**Bene!** → Auch kleine Fehler sind gefährlich: Zum Sicherheitstraining!	**Fortunate!** → Glück gehabt? Ab ins Übungscamp!	**Propera!** → Vorsicht, Versetzung zu den Fußtruppen droht!	**Miser!** → Ab in die Küche!

Verben: Personalendungen im Präs. und Perf.	**Substantive, Adjektive, Pronomina:** Personal- und Relativpronomina, is, ea, id	**AcI**	**Bedeutung der Vokabeln**
Das weiß ich / kenne ich:			
Das kann ich:			
Das muss ich noch üben:			

Res gestae	„Taten" bzw. „Leistungen"

1 Positionswechsel! *Verbformen bilden*

Du folgst dem Senator Lucius Caesius Bassus auf seiner Reise nach Athen. Ihr werdet von Piraten gefangengenommen und müsst die Schiffe wechseln. Ergänze die fehlenden Formen.

a) putas	←	putabas	→	putavisti
b)	←		←	dixerunt
c) peto	→		→	
d)	←		←	fuit
e)	←	videbatis	→	
f)	←		←	cucurrit
g) ostendimus	→		→	

2 Auf See *Verbformen bilden*

Der Schiffsjunge klettert in der Takelage immer wieder nach oben und unten. Klettere hinterher, indem du nacheinander jeweils die angegebenen Verbformen bildest.

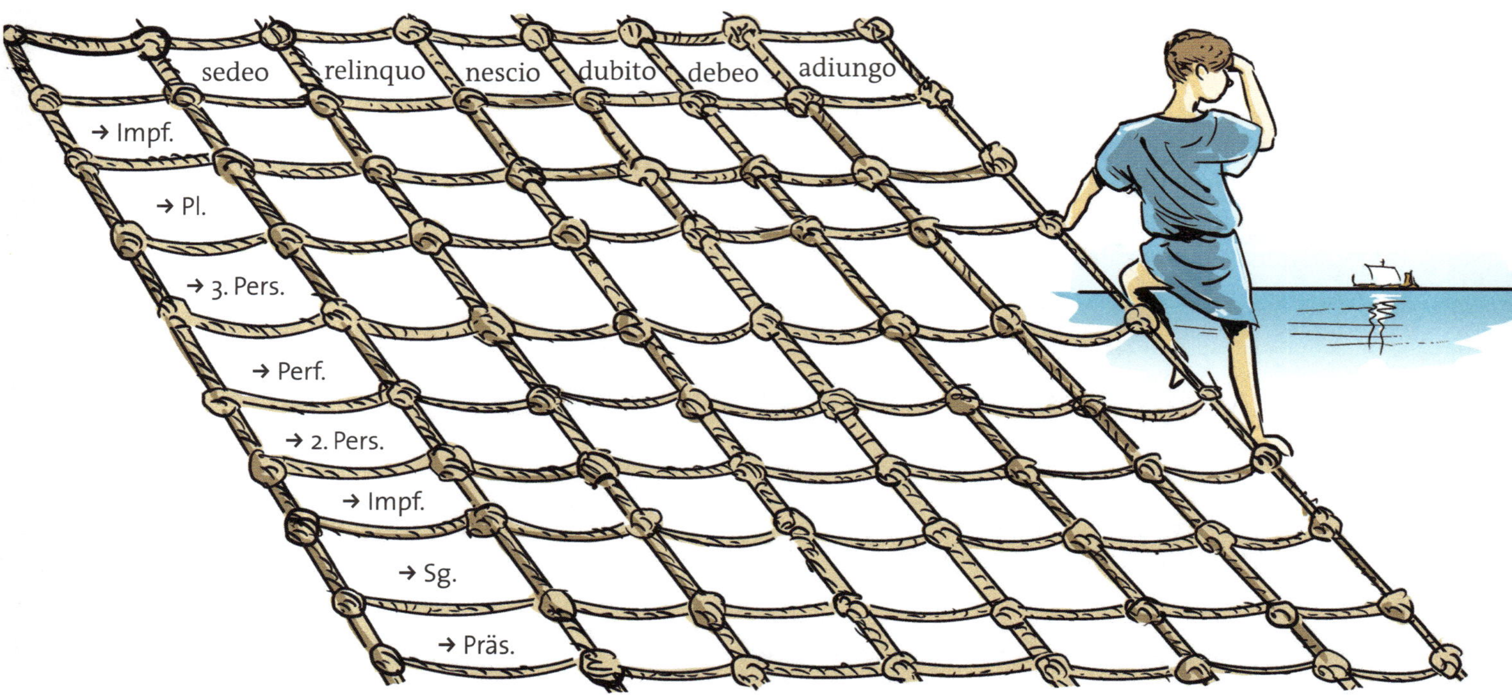

3 Ein Kommen und Gehen! *Verbformen bilden*

Übersetze die Formen von ire. Bilde dann die entsprechenden Formen von accedere.

ibam – is – istis – isse – eo – ibant – i – ii – ite – eunt – iimus – it

4 Schatzsuche *Sachwissen überprüfen*

Als Lösungswort erhältst du den Namen des griechischen Schutzgottes der Kaufleute, des Handels, aber auch der Diebe.

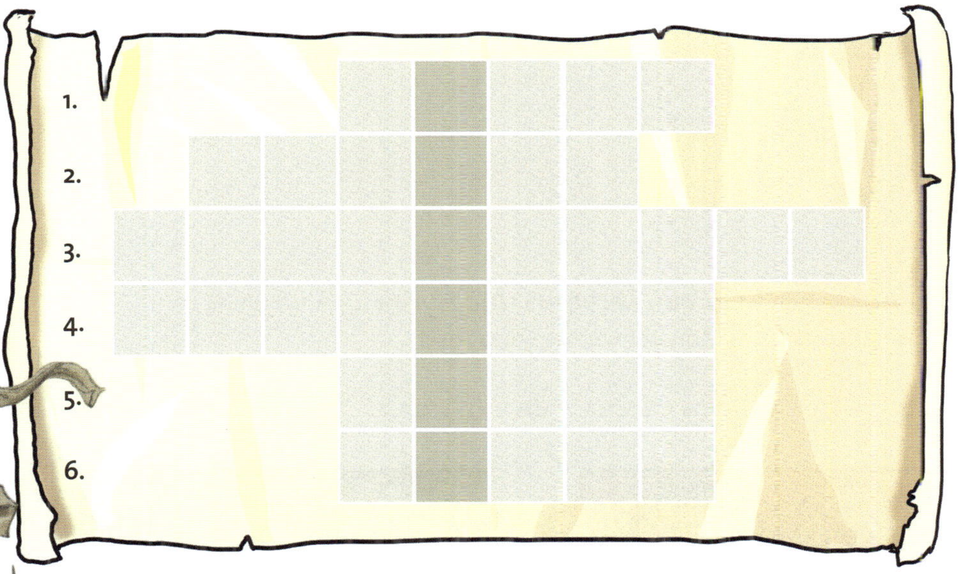

1. Bis in dieses Land gelangte eine Gesandtschaft des Kaisers Mark Aurel im Jahr 166 n. Chr. **2.** römische Münze aus Gold **3.** lat. Steuermann **4.** auch in der Antike eine Touristenattraktion in Ägypten **5.** Kaiser Hadrian hat bei seinen Reisen auch diesen Vulkan auf Sizilien bestiegen. **6.** Hafen Roms an der Tibermündung

5 Wie der Herr, so die Sklaven! *Pronomina zuordnen und übersetzen*

Setze die richtigen Pronominalformen ein und übersetze: ei – eum – eum – se – sibi – sibi.

a) Balbus servus Cornelii senatoris est. b) Balbus ________________ servum bonum esse putat. c) Etiam Cornelius ________________ servum bonum esse putat. d) Itaque Cornelius ________________ laudat. e) Nam Balbum ________________ semper parere scit. f) Et Balbus Cornelium ________________ dominum (Herr) bonum esse scit. g) Itaque ________________ parere studet.

6 Nonne Caesar invictus (unbesiegbar) est? *AcI isolieren und Text übersetzen*

a) Der Text enthält in jedem Satz einen AcI. Markiere jeweils das Verb, das den AcI auslöst, rot, den Akkusativ blau und den Infinitiv / die Infinitive grün.
b) Übersetze den Text. Achte auf das Zeitverhältnis.

Cuncti Caesarem imperatorem potentem fuisse sciunt. Nonnulli eum aliis imperatoribus virtute praestitisse dicunt. Et profecto constat copias Caesaris multas gentes vicisse multasque regiones (Gebiete) occupavisse. Tamen iam Romani victorem totius Galliae mulieri placere viderunt. Multi Caesarem servum Cleopatrae appellaverunt; non ignoraverunt dominam Aegypti Caesarem corpore pulchro sibi adiunxisse. Auctores (Autoren) Caesarem Cleopatrae placere studuisse eamque donis delectavisse narrant.

TESTE DICH SELBST: DIE WELT DES SUPERHELDEN

Gewinne eine Reise auf den Spuren des Herkules rund um das Mittelmeer. Je Punkt gibt es 200 km!

1 Vita → 12 Punkte

Setze zu den Substantiven die Adjektive clarus und fortis in der entsprechenden Form.

a) pueros			d) senibus		
b) adulescentis			e) rege		
c) virum			f) hominum		

2 Erymanthischer Eber, Zerberus und Hydra ... → 12 Punkte

Ordne zu, welches Monster welche Form frisst.

is imus eos eo iis eius ibas eas ii ea iit isti

a) Formen von **ire**

b) Formen von **is, ea, id**

c) Formen sowohl von **ire** als auch von **is, ea, id**

3 Mehercule!* → 16 Punkte

In jungen Jahren musste sich Herkules entscheiden, wie er sein weiteres Leben gestaltet:

In bivio[1] duae[2] mulieres (pulcher) ____________ Herculem adierunt. Alia dixit: „Vitam (bonus) ____________ sine periculis tibi praebeo. Si mecum is, tibi (omnis) ____________ voluptates[3] paro. Voluptatem amici mei me vocant, inimici vitium[4]."

Tum alia ad adulescentem accessit. Hercules mulierem, nomine[5] Virtutem, rogavit: „Quid tu mihi praebes?"

Virtus: „Compone vitam eius cum mea! Voluptas nescit (magnus) ____________ labores hominibus esse. Hominibus (bonus) ____________ autem dei (potens) ____________ vitam (contentus) ____________ dant. Virtutem plus valere quam voluptatem contendo."

[1]bivium Weggabelung [2]duo, duae, duo zwei [3]voluptās, ātis *f* Lust, Genuss [4]vitium Fehler, Laster [5]nōmine namens, mit Namen

a) Ergänze die eingeklammerten Wörter in der richtigen Form. → 7 Punkte
b) Markiere die Verbformen, die einen AcI auslösen; markiere außerdem einen Imperativ und vier Präpositionen. → 7 Punkte
c) Welcher Frau / welchem Lebensentwurf folgte Herkules? → 2 Punkte

Gibt es einen historischen Kern der Abenteuerreise? Es wird vermutet, dass der Mythos vom „Monsterjäger der Antike“ ein Spiegel für die räumliche Ausbreitung der Griechen im Mittelmeergebiet ist.

4 Supermann und Superfrau? → 6 Punkte

Ordne die Personen aus dem Text der Aufgabe 3 dem Bild zu.
Belege deine Zuordnung durch mindestens einen Beleg im Bild.

Johann Liss: Herkules am Scheideweg. 1622/23.
Dresden, Staatliche Kunstsammlungen.

links:

Mitte:

rechts:

TIPP: Wenn du mehr über die griechischen Heroen (Helden) und deren Abenteuer (sogar bis in die Gegenwart) erfahren möchtest, lies die Bücher der Percy-Jackson-Reihe von Rick Riordan.

Anzahl der Punkte x 200 km:			
9200 – 7600 km	**7400 – 5000 km**	**4800 – 2400 km**	**2200 – 0 km**
Peloponnes, Kreta, Gibraltar und Herculaneum – auf dich wartet das ganze Abenteuer in der 1. Klasse!	Du erlebst nur die Highlights unseres Programms. – Für die Ausflüge nach Herculaneum und Kreta musst du noch etwas üben!	Glückwunsch zur kleinen Mittelmeerrundfahrt: Golf von Neapel, Kreta und Peloponnes. – Für Gibraltar hat es heute leider noch nicht gereicht.	Du erlebst die Abenteuer des Herkules auf der Peloponnes. – Für Gibraltar, das Atlasgebirge, Kreta und den Golf von Neapel musst du noch hart trainieren!

Verben: Personalendungen im Präs. und Perf.; Imperfekt	**Substantive, Adjektive, Pronomina:** Personal-, Relativ-, Reflexivpronomina; is, ea, id	**AcI**	**Bedeutung der Vokabeln**
Das weiß ich / kenne ich:			
Das kann ich:			
Das muss ich noch üben:			

Mehercule!

„Beim Herkules!“ – war eine unter Männern sehr beliebte Beteuerung. Der unbesiegbare Held wurde als Zeuge und Helfer angerufen.

1 Überraschung! *Tempusformen erkennen*

Im Trojanischen Pferd haben sich Verbformen versteckt. Ordne sie nach Perfekt und Plusquamperfekt. Übersetze die Formen dann.

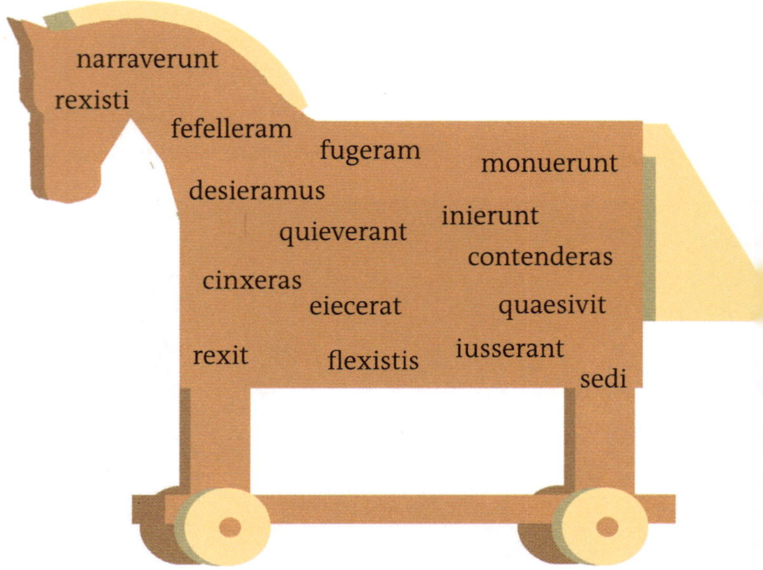

2 Alles in Bewegung! *Verbformen bilden*

Bilde die entsprechenden Formen von ire.

a) ducis		f) petiverunt	
b) intrabas		g) contendo	
c) cucurrimus		h) fugiunt	
d) accessisti		i) veni!	
e) properabant		j) ruitis	

3 Rätselkamm *Verbformen bilden*

Schreibe senkrecht unter den angegebenen Begriff, der dir jeweils schon den ersten Buchstaben der zu bildenden Form vorgibt, lateinisch die unten aufgelisteten Verbformen.

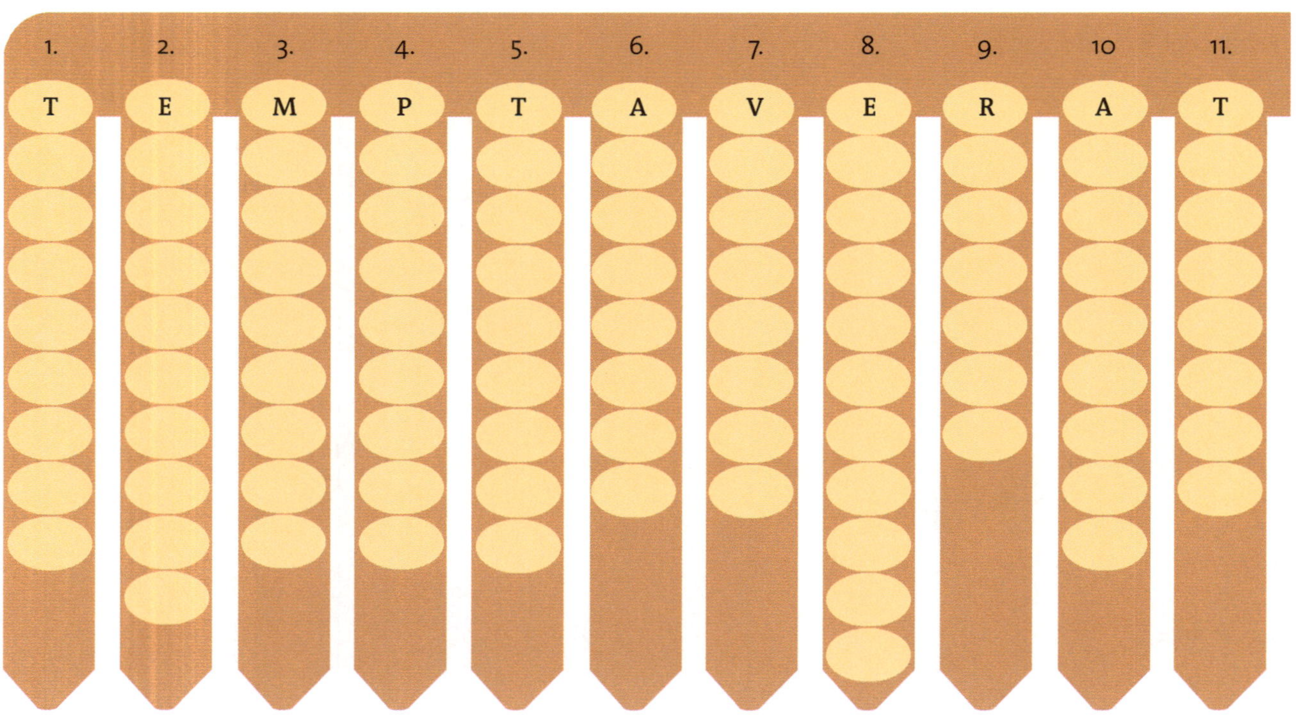

1. sie hatten gefürchtet **2.** sie hatten vertrieben **3.** wir hatten geschickt **4.** du hattest vertrieben **5.** sie hatten festgehalten **6.** ich hatte geholfen **7.** du hattest gewollt **8.** ihr hattet geirrt **9.** er hatte geherrscht **10.** ihr wart herangetreten **11.** ich hatte geschwiegen

4 Vermischtes aus Troja *Wortarten erkennen und Sätze übersetzen*

Markiere alle Adjektive rot und alle Adverbien blau. Übersetze dann die Sätze.

a) Troiani celeriter ad moenia currunt. b) Post proelium imperator Graecorum milites fortes magna voce laudat. c) Hector semper fortiter pugnaverat. d) Aedes regis Troianorum pulchrae erant. e) Aeneas uxorem tristem reliquit. f) Graeci improbi hostibus dolum paraverunt. g) Achilles crudeliter cum Hectore pugnavit. h) Multi Troiani miseri e patria fugerunt. i) Priamus rex pie rexit.

5 Adjektiv oder Adverb? *Formen bilden und Sätze übersetzen*

Setze die korrekte Form ein und übersetze.

a) Valeria est domina ______________________ (**improbus**).

b) Servas ______________________ (**vehemens**) increpitat[1].

c) Servas ______________________ (**crudelis**) pellit,

cum eae vestes dominae ______________________ (**bonus**) non deponunt.

d) Sed maritus servas ______________________ (**miser**) defendit.

[1]increpitāre schelten, beschimpfen

6 ire – ein vielfältiges Wort *Im Kontext übersetzen*

Übersetze angemessen.

adire

Magnos labores **adiit**.

Senatores curiam **adeunt**.

Milites hostes **adierunt**.

transire

Caesar in Britanniam **transiit**.

Nonnulli milites ad hostem **transierunt**.

inire

Milites proelium **inierunt**.

Consilium **iniimus**.

Amicus iter **iniit**.

perire

Urbes **pereunt**.

Perii.

Multi homines **perierunt**

16 WORT UND FORM

1 Für Siegertypen! *Übersetzungen von Verbformen zuordnen*

Im griechischen Dodona, einer Orakelstätte des Zeus, zogen Priesterinnen Lostäfelchen aus einem großen Topf. In unserem Topf befinden sich deutsche Verbformen, die du den lateinischen zuordnen sollst.

du hattest gesiegt – du siegst – du siegtest – du wirst siegen – er hat gesiegt – er siegte – er wird siegen – gesiegt haben – ich habe gesiegt – ich hatte gesiegt – ich siege – ich siegte – ihr habt gesiegt – ich werde siegen – siegen – sie haben gesiegt – sie hatten gesiegt – wir siegen

a) vincebat		j) vicisse	
b) vicit		k) vicistis	
c) vicerant		l) viceras	
d) vincebas		m) vincere	
e) vicerunt		n) viceram	
f) vinco		o) vincimus	
g) vinces		p) vici	
h) vincis		q) vincet	
i) vincam		r) vincebam	

2 Für Eingeweihte! *Verbformen bilden*

In der Orakelstätte von Ptoion, das in Griechenland im Gebirge von Euböa liegt, gelangte man zum Orakel des Apollo, wenn man der Weihestraße mit den Dreifüßen folgte. Das Orakel hat dir den Auftrag erteilt, Verbformenreihen zu bilden und dem vorgegebenen Beispiel entsprechend auf die richtige Tafel der Weihestraße zu schreiben.

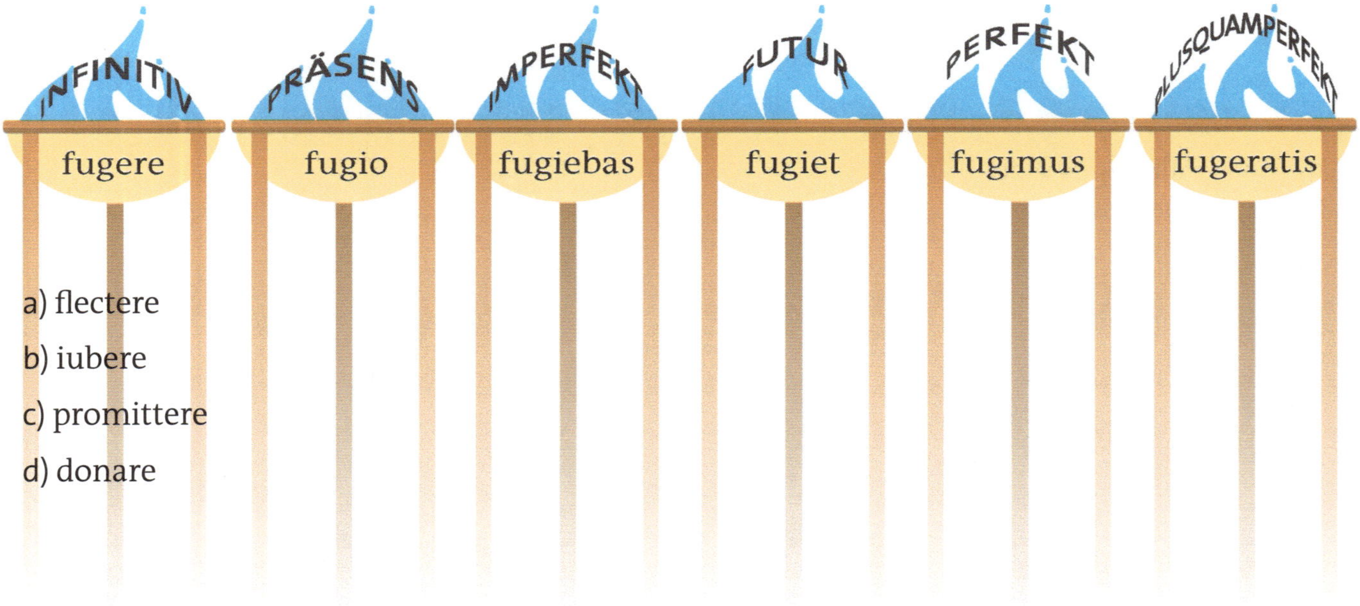

a) flectere
b) iubere
c) promittere
d) donare

3 Reiseproviant *Formen bilden*

Ersetze das Pronomen is durch die entsprechende Form des Pronomens ipse. Beachte die veränderte Wortstellung. Setze dann die Singularformen in den Plural und umgekehrt.

ea verba	is vir	eius uxoris	ii labores	iis periculis	ei curae

4 Reiseroute *Formen bilden*

Bilde folgende Formen in der angegebenen Reihenfolge:
Nom. Pl. → Akk. → Sg. → Gen. → Pl.

rex ipse	is clamor	id iter	causa ipsa	id bellum	agmen ipsum

SATZ, TEXT UND KULTUR

5 Fatum Troiae *Formen zuordnen und Sätze übersetzen*

Adjektiv oder Adverb? Füge ein und übersetze dann:

a) Troiani diu cum Graecis ________________ pugnaverant. (fortiter – fortis – forte)

b) Deinde Graeci urbem ________________ ceperant. (potenter – potentes – potentem)

c) Graeci multos Troianos ________________ necaverant. (crudeles – crudeliter – crudele)

d) Itaque Aeneas, vir ________________, comites ex urbe duxit. (pie – pius – pio)

e) Is postea uxorem ________________ non adesse cognovit. (miseram – misere – misera)

6 Kassandrarufe *Text übersetzen*

Übersetze den Text.

Poetae[1] Graecorum Apollinem deum Cassandram, filiam regis Troianorum, amavisse narrant. Itaque ei magnum donum dedit: Cassandra futura[2] prospicere potuit. Filiae regis autem amor dei non placuit et deum reliquit. Per iram Apollo donum suum devovit[3], quod Cassandrae donum eripere non iam potuit. Apollo: „Nemo[4] verbis tuis credet. Omnes sententias tuas ridebunt." Postea filia regis populum Troianorum monuit: „Graeci urbem capient. Urbs tam pulchra et potens peribit. Graeci ad litus equum instituent[5], quem in urbem nostram ducemus. Eo dolo hostes nos vincent. Tum victores mulieres liberosque navibus in Graeciam ducent. Ibi captivi erunt; nam Graecis parebunt. Matres sine liberis erunt, liberi matres desiderabunt[6]. Nos omnes multas lacrimas flebimus et dolebimus, nam Troia non iam erit." Sed Troiani verbis Cassandrae non crediderunt. Et profecto ...

[1]poēta Dichter [2]futūra *n Pl.* Zukunft [3]dēvōvī er hat verflucht [4]nēmō niemand
[5]instituere, instituō aufstellen [6]dēsīderāre vermissen

7 Sprichwörtliches *Sachwissen anwenden*

Du hast jetzt einiges über den Trojanischen Krieg erfahren, der mit zahlreichen Begriffen in unserer deutschen Sprache immer noch zu finden ist. Erkläre – ggf. mit Hilfe des Internets:

Zankapfel	Kassandrarufe	Danaergeschenk	Achillesferse	Trojaner (im Computer)

1 Der Schutzgott eines Hauses *Verbformen erkennen und übersetzen*

Er wurde häufig in Form einer Schlange dargestellt, die man *daímon agathón* („die gute Gottheit") nannte. Unsere Schlange hat viele Passivformen im Bauch. Trenne sie voneinander und übersetze sie.

2 Der Höllenhund Kerberos *Verbformen bilden und übersetzen*

Ein wahrhaft dämonisches Tier! Es hat sich an den neuen Passivformen vergriffen und mit seinem feurigen Atem Löcher hineingebrannt. Vervollständige die Formen und übersetze sie dann:

interr _ g _ bar
er _ p _ t _ _
re _ e _ at _ _
rap _ un _ ur

ci _ gemu _
pe _ imi _ _
_ ccu _ a _ tur
conv _ _ abimu _

mo _ e _ ini
mi _ t _ ba _ tu _
sup _ r _ r
app _ ll _ b _ nt _ _

SATZ, TEXT UND KULTUR

3 Unpersönlich! *Verbformen im Kontext übersetzen*

Eine 3. Person im Passiv kann man auch unpersönlich mit „man" übersetzen.
Beispiel: Hostis accusatur. → Man klagt den Feind an.

a) Clamores audiuntur. b) Ludi spectantur. c) Liberis respondetur. d) Puer vocatur.

4 Abracadabra! *Text übersetzen*

Das bekannte Zauberwort hat man Jahrhunderte lang dazu benutzt, Unheil zu vertreiben. Zum ersten Mal taucht es bei dem lateinischen Dichter Quintus Serenus (um 200 n. Chr.) auf, der es in seinem Buch über medizinische Heilverfahren (Liber medicinalis) erwähnt. Es soll dabei helfen, Fieber zu vertreiben. Dazu gibt er folgende Anweisungen. Übersetze den Text und befolge die Anweisung.

Scribes[1] in papyro (!) verbum, quod dicitur ABRACADABRA, iterum atque iterum subter[2] scribes, sed semper ultima littera[3] verbi detrahitur[4]. Ita verbo litterae rapiuntur, dum una littera in cono[5] relinquitur.

[1]scrībere, scrībō schreiben [2]subter untereinander [3]littera Buchstabe [4]dētrahere, dētrahō abziehen, weglassen [5]cōnus (kegelförmige) Spitze

Quintus Serenus rät, den aufgeschriebenen Spruch zu falten und an einer Schnur um den Hals zu tragen. Ob das Rezept hilft, ist allerdings fraglich. Was das Wort wirklich bedeutet, weiß niemand, obwohl schon viele Gelehrte versucht haben, es zu entschlüsseln. Man meinte wohl, was niemand versteht, hilft besser.

5 Soni[1] miri *Tempusformen bestimmen und Text übersetzen*

a) Unterstreiche zunächst alle Prädikate und bestimme deren Tempora.

b) Übersetze dann den Text und achte besonders auf die richtige Übersetzung des Tempus.

Nox est. Omnes quiescunt. Subito Marcus sonum audit. Quid est? Marcus monstra timet. Iterum atque iterum sonis nocturnis perterrebatur. Itaque tenebras non amabat. Sed non semper noctem fugere potest. Tum animus eius fabulis miris, de quibus cogitat, movetur. Imprimis silentio perturbatur. Nunc parentes vocat. ... Nox iam processit. Marcum quiescere videmus. Nunc monstris et fabulis incredibilibus liber est.
Mox e somno excitabitur.

[1]sonus Geräusch

6 Die Zauberin Kirke *Text übersetzen*

Sie lebt, wie Homer uns berichtet, auf der Insel Aiaia im Osten des Mittelmeeres. Dort bewohnt sie einen Palast mit vielen Dienerinnen. Eines Tages nähert sich Odysseus (lat. Ulixēs) während seiner Irrfahrten der Insel.
Übersetze den Text.

Ulixes omnes naves litus petere iussit, deinde clamavit: „Exspectate! Observate litus! Fortasse[1] hic monstra vivunt.“ Sed comites Ulixis riserunt, nam porci[2] solum ad litus videbantur. Comites litus adierunt et porcos capere voluerunt, nam fames[3] eorum magna erat. Ulixes ultimus litus intravit. Subito vocem audivit: „Ulixes, audi! Mercurius sum. Minerva me ad te misit. A dea moneris. Nam hic Circe, magna maga[4], vivit. Domina insulae (!) est. Nonne vidisti multos porcos? Qui homines erant. Qui a Circe in porcos mutabantur[5].“ Ulixes: „Cur id facit?“
Mercurius: „Omnes homines, qui accedunt, ab ea in porcos mutantur. Nunc etiam comites tui porci erunt.“ Ulixes tristis: „Cur eam insulam adiimus?“ Sed Mercurius: „Herbam magicam[6], quam statim edere[7] debes, tibi dabo. Ea herba defenderis. Propera, Circe iam venit.“
Mulier pulchra ad Ulixem adiit. „Quem aspicio? Salutem tibi dico, Ulixes. Gaudeo, quod ades, nam tecum et cum comitibus tuis plures[8] porcos habebo. Neptunus te navibus ad insulam meam venire mihi dixit.“

Ulixes rogavit: „Cur omnes homines a te in porcos mutantur?“
Circe risit: „Vos homines porci estis. Et ego vobis corpus idoneum[9] do. Nam bestiae necant, quod famem habent. Vos homines autem necatis, quod necare cupitis.“ Tum Circe verba magica[10] dixit. Sed Ulixes non mutabatur ... iterum atque iterum ea verba ad Ulixem dicebat. Circe ira complebatur. Denique dixit: „Potentia, quae magna est, defenderis. Desinam, non iam a me mutaberis. Veni mecum in aedes, nunc hospes meus es.“
Ulixes respondit: „Tecum ibo, si comites in homines mutabuntur.“

[1]fortāsse vielleicht [2]porcus Schwein [3]famēs, is *f* Hunger [4]maga Zauberin [5]mūtāre verwandeln [6]herba magica Zauberkraut [7]edere, edō essen [8]plūrēs mehr [9]idōneus, a, um geeignet, passend [10]verba magica Zauberworte

TIPP: Wenn du wissen willst, wie Kirke Odysseus und seine Männer wirklich „bezirzt“ hat, lies das Buch „Schwein gehabt, Zeus!“ von Paul Shipton.

1 Quis est deus? *PPP erkennen*

Du erreichst das im Wald verborgene Heiligtum des Gottes (vgl. Abb.) nur, wenn du in einer bestimmten Reihenfolge über die PPP-Formen gehst. Markiere die Anfangsbuchstaben dieser Formen richtig, um zu erfahren, wie der Gott heißt. Sein Aufenthaltsort gibt dir auch einen Hinweis auf seinen Namen.

capit	visi	superato	curamus	amatam	servatus	excitas
nuntiati	misi	accessimus	imperato	appellas	adeo	laudatus

Lösungswort: _ _ _ _ _ _ U _

2 Amati Veneris *PPP bilden*

Bilde das PPP zu folgenden Verben. Wenn du die Anfangsbuchstaben richtig ordnest, erhältst du die Namen zweier Geliebter der Venus:

a) deligere		f) occupare	
b) mittere		g) servare	
c) superare		h) necare	
d) audire		i) amare	
e) respicere		j) instruere	

Lösungswort: _ _ _ _ _ _ und _ _ _ _

3 Romani, credite deos esse! *Substantivformen bilden und KNG-Kongruenz erkennen*

Setze die lateinischen Entsprechungen der deutschen Substantive in den angegebenen Kasus und ordne ihnen dann die passende Form des Adjektivs zu.

a) König	*Dat. Sg.*		bono	bonum	boni
b) Pferd	*Akk. Pl.*		celeres	celeri	celerium
c) Arbeit	*Nom. Pl.*		gravem	gravibus	graves
d) Reich	*Abl. Sg.*		magno	magna	magni
e) Stamm	*Gen. Sg.*		nobili	nobiles	nobilis
f) Weg	*Nom. Sg.*		ignotus	ignotum	ignota
g) Stadt	*Akk. Sg.*		ingens	ingentem	ingentis

Die Anfangsbuchstaben der lateinischen Substantive ergeben von oben nach unten gelesen einen wichtigen Begriff im Leben der Römer: _ _ _ _ _ _ _

4 Monstra adsunt *KNG-Kongruenz erkennen und Sätze bilden*

Verbinde die Subjekte mit den Prädikaten durch Linien! Achte dabei auf die KNG-Kongruenz und auf den Sinn:

Plinius	a monstro excitabantur.
Omnes	inveniebantur.
Senex ignotus	fabulis miris commotus est.
Signa	a monstro liberatae sunt.
Aedes	visus est.
Vincula	a monstro data sunt.

5 Di[1] boni! *Participium coniunctum erkennen und übersetzen*

Übersetze das Partizip 1. wörtlich, 2. mit Relativsatz und 3. mit Adverbialsatz:

a) Neptunus ira ingenti commotus mare tridente perturbavit.
b) Vulcanus ab uxore laesus[2] Veneri et Marti deo dolum paravit.
c) Apollo Arioni poetae (!) a piratis e nave in mare eiecto[3] delphinos (!) auxilio misit.
d) Ceres Proserpinam filiam a Plutone raptam[4] toto orbe terrarum[5] quaesivit.

tridēns, entis

[1]dī ~ deī [2]laesus: *PPP zu* laedere beleidigen [3]ēiectus: *PPP zu* ēicere
[4]raptus: *PPP zu* rapere [5]orbis terrārum *m* Erdkreis

6 Apollo sancte, fer opem ...!* *Participium coniunctum erkennen und übersetzen*

Isoliere die Partizipblöcke durch Klammern und übersetze dann. Verwende für die Partizipialkonstruktionen verschiedene Übersetzungsmöglichkeiten.

Quintus Fabius Pictor a senatoribus Delphos missus cum legatione mare transit. Tum templum Apollinis intravit et a sacerdotibus salutatus[1] Pythiam interrogavit. Sed sortem a Pythia datam non intellexit. Itaque sacerdotes a legatis interrogati munera a Romanis postulaverunt[2]. Tum Quintus cum legatione Romam rediit et senatoribus in curia respondit: „Dei a vobis suppliciis sacrisque culti populo Romano aderunt. Auxilio deorum Poeni superabuntur. Tum tuti et a Poenis liberi erimus. Sed antea Apollini donum e praeda debitum[3] mittemus. Ita deus preces civitatis Romanae observabit." Et senatores multis sacris magna cum cura in aris positis gratiam deorum imprimisque Apollinis sibi adiunxerunt.

[1]salūtāre begrüßen [2]postulāre fordern [3]dēbitum: *PPP zu* dēbēre

7 Omnipräsent *Sachwissen anwenden*

Die Götter sind heute noch überall präsent. Erkläre, welche Funktion die Namen der Götter hier übernehmen:

APOLLO OPTIK

Minerva WISSENSCHAFTLICHE BUCHHANDLUNG

EBSCO

Juno
Electrolux
Thinking of you
Herde und Backöfen

PENATEN
CREME

Gillette for Women
Venus
Erwecke die Göttin in dir.

Apollo sancte, fer opem! „Heiliger Apollo, bring Hilfe!" – war eine häufige Bitte an den Gott.

WORT UND FORM

1 Laureatus* *Pronominalformen bilden*

Auf dem Lorbeerkranz des Siegers liegen immer zwei Blätter einander gegenüber. Setze zu den Substantiven die passende Form von hic oder ille:

h	i /i	h	i	h	i /i
rebus	viri	nomina	religionem	sorti	noctes

2 Respice finem!* *Verbformen erkennen*

Markiere im ersten Kasten die Futurformen, im zweiten die Perfektformen und im dritten die PPP-Formen. Aus den roten Buchstaben der markierten Formen ergibt sich der Name des höchsten Gottes.

adit	regimus	peribunt	times	audiet	mittunt
parabis	debetis	promittet	censent	fallit	delecto
valent	videbo	necabat	instrues	audietis	colentur

auditur	ornavit	petimus	ridet	posuit	motus est
mandabo	iubet	negavi	ostendis	quaerimus	adsum
missus est	fuisti	ponent	interficit	terruisti	geret

auctum	ridete	inierunt	captum	ponam	voluimus
excitatus	confecti	adicis	flexi	commota	ostendo
delectas	instructa	misi	missi	credimus	desines

Lösungsworte:

SATZ, TEXT UND KULTUR

3 De nece Caesaris *Sätze ergänzen und übersetzen*

Füge zu den farbig markierten Substantiven die passenden Partizipialausdrücke hinzu. Übersetze dann:

a) crudeliter necatum	b) interfecti	c) a Caesare semper adiuti[1]
d) nece perturbati	e) pecunia a Caesare donatos	f) hac nece perterrito

[1]adiuvāre (PPP adiūtum) unterstützen, helfen

1. Brutus et Cassius corpus **Caesaris** ______ in Tiberim mittere volebant.
2. **Amici** Caesaris ______ eos prohibuerunt.
3. Senatores autem iram **populi** ______ timebant.
4. Immo vero **Caesarem** ______ ut deum coli decreverunt.
5. Quod amici Caesaris statim **populo** ______ narraverunt.
6. Imprimis Antonius **cives** ______ excitavit.

4 Io triumphe! *Pronominalformen zuordnen und Text übersetzen*

Füge jeweils die entsprechende Form von hic bzw. ille ein und übersetze dann:

hic	hoc	horum	hunc	ille	illius	illo	illum

Et Paullus et Perseus rex multis copiis ad proelium vocatis imperaverant. Deinde autem ________ copiis ________ victus erat. Dum Romani ________ captum Romam ducunt, ________ magnam praedam Romam duci iussit. Postquam nuntius regis capti in urbem pervenit, multi cives in viis stabant et ________ exspectabant: Nonnulli ________ dolebant, plerique victoria Paulli delectabantur. Nunc homines, qui triumphum spectant, victorem carminibus[1] laudant. Et imperator carminibus delectatus populo praeclarum spectaculum praebet. Captivi hostiumque praeda in ________ triumpho ostenduntur. Cives clamant. ________ voces forum complent.

[1]carmen, minis Lied

5 De triumpho Titi imperatoris *Sachwissen anwenden*

Du siehst hier ein Relief, das sich am Triumphbogen des Kaiser Titus befindet. Dieser Ehrenbogen wurde für ihn 81 n. Chr. auf dem Forum Romanum errichtet. Das Relief erinnert an den Triumph, den Titus im Jahr 71 n. Chr. anlässlich des Sieges über das Volk der Judäer gefeiert hat. Du hast nun die Aufgabe, anhand der folgenden Beschreibung die Abbildung zu beschriften:

„Titus steht auf einem von vier Pferden gezogenen Wagen, einer prächtigen Quadriga. Der Kaiser hält in der angewinkelten linken Hand ein Zepter und in der ausgestreckten Rechten wohl einen Lorbeerzweig. Hinter ihm steht Victoria, die geflügelte Siegesgöttin, die ihm einen schweren Kranz über das Haupt hält. Links und im Hintergrund erscheinen zwölf Liktoren, die einen römischen Beamten in der Öffentlichkeit begleiten. Die Pferde werden von einer weit ausschreitenden weiblichen Figur am Zügel geführt, die einen Helm trägt und im rechten Arm eine Lanze hielt. Diese Göttin ist Virtus, die Verkörperung kriegerischer Tüchtigkeit. Rechts steht vor dem Wagenkasten eine halbnackte männliche Figur mit einem Füllhorn, die in der vorgestreckten Rechten wohl einen Lorbeerzweig hielt. Der jugendliche Gott stellt wahrscheinlich Honos dar, die Verkörperung militärischen Ruhms. Am rechten Bildrand erscheinen schließlich noch drei, mit der Toga bekleidete Figuren. Sie vertreten das Gefolge des Kaisers."

nach Stefan Ritter: Alle Bilder führen nach Rom. Eine kurze Geschichte des Sehens. Stuttgart 2008. S. 90 f.

Laureatus	nennt man jemanden, der mit einem Lorbeerkranz ausgezeichnet wird bzw. dem eine besondere Ehre zuteil wird.
Respice finem!	„Beachte / Bedenke das Ende (einer Handlung)!"

1 Das augusteische Zeitalter

753 v. Chr.	Beginn der römischen Republik
510 v. Chr.	Ende des Weströmischen Reiches
63 v. Chr.	Gründung Roms
44 v. Chr.	Ehrentitel „Augustus" für Octavian: Beginn der Kaiserzeit (Prinzipat)
42 v. Chr.	Teilung in Ost- und Weströmisches Reich
31 v. Chr.	Schlacht bei Philippi: Tod der Cäsarmörder Cassius und Brutus
27 v. Chr.	Ermordung Cäsars
14 n. Chr.	Seeschlacht bei Actium: Niederlage des Antonius
395 n. Chr.	Tod des Augustus
476 n. Chr.	Geburt des Gaius Octavius, des späteren Augustus

Prinzipat: von lat. princeps („der Erste") – Der princeps stand sowohl für den Ersten Bürger als auch für den angesehensten unter den Senatoren, dem in wichtigen Beschlussfragen das Recht der ersten Rede eingeräumt wurde.

Ordne die Ereignisse den entsprechenden Zeitangaben zu. Untersuche mithilfe der Zeittafel im Textband, S. 153, inwiefern es angemessen ist, von einem augusteischen Zeitalter zu sprechen.

2 Augustus von Prima Porta

Die oben abgebildete Marmorstatue, die nach ihrem Fundort benannt wird, zeigt ein idealisiertes Porträt des Augustus. Beschreibe Aussehen und Haltung des ca. 36-jährigen Kaisers. Die Abbildung rechts zeigt eine Vergrößerung des Brustpanzers, auf dem u.a. folgende Gestalten zu sehen sind:

a) Venus, Apollo und Aurora (Göttin der Morgenröte);
b) zwei Frauen als Gallia und Hispania, ein Parther;
c) Saturn (Vater Jupiters), Sol und Tellus (Göttin der fruchtbaren Erde);
d) römischer Feldherr (oder der Kriegsgott Mars) mit Wölfin.

Überlege, welche Bedeutung die abgebildeten Figuren für den Betrachter haben sollen.

3 Augustusforum

„Rom schmückte er so sehr, dass er sich mit Recht rühmen konnte, eine Stadt aus Marmor hinterlassen zu haben, die er als Ziegelsteinstadt übernommen hatte." (Sueton, Divus Augustus 28,3). Augustus gestaltete im Herzen Roms sein eigenes Forum, in dessen Zentrum sich der Tempel für Mars Ultor (den rächenden Mars) befindet. Er ließ u.a. Äneas und Romulus als Statuen aufstellen. Beschreibe die Wirkung dieses Ensembles auf die Zeitgenossen und äußere Vermutungen über die damit verbundene Absicht des Augustus.

4 Ehrenname und Ehrenschild

27 v. Chr. wurde Octavian – für seine Verdienste um das Vaterland – vom Senat der Ehrentitel „Augustus" verliehen. Augustus bedeutet „der Erhabene". Außerdem kennzeichnet er denjenigen, der besondere auctoritas besitzt. Als weitere Ehrung erhielt er einen goldenen Ehrenschild (clupeus). Er wurde im Senatssaal aufgehängt und in Marmorkopien (vgl. Abb.) in die bedeutenden Städte des Imperiums gesandt.
Ergänze in der folgenden Tabelle die positiven Eigenschaften des Augustus, die auf dem Ehrenschild dokumentiert sind. Übrigens gab es im Senat auch Überlegungen, Octavian den Ehrennamen „Romulus" zu verleihen. Erkläre, weshalb sich Augustus für seinen Ehrennamen entschieden hat.

clementia		**pietas**	
Milde	Gerechtigkeit	Pflichtbewusstsein gegenüber Göttern, Eltern und Vaterland	

5 Augustus als Erneuerer alter Werte

Iam Fides **et Pax et Honor** Pudorque priscus et neglecta redire **Virtus** audet adparetque beata pleno **copia** cornu.	„Schon wagen es die Treue, [?], der einstige Anstand und die vernachlässigte [?] zurückzukehren und die gesegnete [?] erscheint mit ihrem Füllhorn."

Der Dichter Horaz gestaltete im Auftrag des Augustus 17 v. Chr. einen festlichen Chorgesang, das sog. Carmen saeculare. Der Gesang ist an das göttliche Zwillingspaar Apollo und Diana gerichtet und besingt eine römische Idealgesellschaft, die durch die Verdienste des Kaisers zu neuem Leben erweckt wurde. Ergänze die fehlenden Substantive in der Übersetzung. Man nennt die Zeit, die Augustus durch seine Regierung geschaffen hat, „Goldenes Zeitalter". Beschreibe, wie das Leben in einer solchen Zeit ausgesehen haben kann. Überprüfe deine Überlegungen durch Recherchen über den Begriff „Goldenes Zeitalter".

6 Licht und Schatten

Recherchiere mindestens drei Aspekte, die die Schattenseiten der Herrschaft des Augustus beleuchten. Ausgangspunkt für deine Recherche könnten die Werke des römischen Historikers Tacitus sein.

WORT UND FORM

1 Stante pede* *Formen erkennen und zuordnen*

Unterstreiche die Partizipien. Ihre Anfangsbuchstaben ergeben den Namen einer weiteren Konkurrentin der Juno, die in das Sternbild der Großen Bärin am Himmel verwandelt wurde. Ordne dann die Lösungswörter in das Deklinationsschema ein; vom Nom. Sg. bis zum Abl. Pl. sind alle Formen vertreten.

vehementis – currentis – ingentem – monumentis – adiens – mittis – laudantibus – laborantes – iucundum – ignoranti – studente – silentium – cingitis – timentium – libens – orantem

Lösungswort: | | | | | | | |

Nymphen sind in der Mythologie – vorwiegend wohltätige – Naturgeister von Orten, Bergen, Bäumen, Wiesen oder Grotten. Sie schweifen umher, führen Tänze auf, jagen das Wild, weben in kühlen Grotten und sind den Menschen auf geheimnisvolle Weise hilfreich.

2 Wohltätige Geister *Kongruenz erkennen*

Verbinde die Partizipien mit dem passenden Bezugswort. Markiere PPA und PPP mit unterschiedlichen Farben.

dea	mulieres	puellam	feminae	illis
volantis	mota	accensis	vocantes	fugientem

SATZ, TEXT UND KULTUR

3 Latine loqui* *Wortgruppen übersetzen*

Übersetze die Wortgruppen und benenne die Gegenstände des heutigen Lebens, die hier beschrieben werden. Beschreibe anschließend selbst einen Gegenstand nach diesem Muster.

a) portae se moventes
b) rotae[1] pedibus[2] motae
c) machina[3] sine equis se movens
d) machina spectacula augens
e) machina vestes lavans[4]
f) machina verba repetens
g) machina imagines[5] motas ostendens

[1]rota Rad [2]pēs, pedis *m* Fuß [3]māchina Machine [4]lavāre waschen [5]imāgō, imāginis *f* Bild

4 Stolpersteine? *Partizipien erkennen und Sachwissen anwenden*

Datum	Rezept
Tangente	Motor
intelligent	Respekt

Achtung, Partizipien! Erläutere Form und Bedeutung des angegebenen Wortes. Gib dabei an, ob ein PPP oder ein PPA enthalten ist. Suche selbst ein Fremdwort, in dem ein PPP oder ein PPA enthalten ist.

5 Dum spiro, spero* *Participium coniunctum erkennen und Sätze übersetzen*

Lies noch einmal S. 82 im Begleitband. Markiere zunächst das Partizip mit Bezugswort und übersetze dann.

a) Echo vestigia eius semper petens ab eo magis magisque amari cupiebat.
b) Narcissus eam adeuntem audit.
c) Narcissus puellam verbum repetentem quaerit.
d) Narcissus nihil videns dixit: „Quis adest?"
e) Echo amore ardens vocat (Narcissum) vocantem.
f) Narcissus fugiens clamat: „Veto corpus meum a te tangi!"
g) Echo a Narcisso fugiente repulsa est.

6 Amantes amentes* *Participium coniunctum bilden und übersetzen*

Markiere zunächst das Partizip mit Bezugswort und gib das Zeitverhältnis an (GZ / VZ). Ergänze die passende Endung des Partizips und übersetze dann.

a) Echo: „Nihil difficile[1] est puellae amant________."
b) Narcissus: „Puellae amant________ amentes[2] sunt."
c) Echo: „Quis legem[3] dat puellis amant________?"
d) Narcissus: „Puellas amore accens________ semper fugio."
e) Echo: „Puellae a te repuls________ animo deficere non debent."

[1]difficilis, e schwierig [2]āmēns, entis ohne Verstand [3]lēx, lēgis *f* Gesetz

7 Da hätte wohl nur Obelix helfen können ... *Text übersetzen*

Übersetze den Text. Vergleiche die mythologische Erzählung über Adonis (Adōnis, idis) mit der von Narziss und Echo.

Quondam Adonis, iuvenis pulcher, Veneri deae placebat. Amore accensa dixit: „Cor[1] meum, te bestias feras in silva capere veto." „Quae rogavisti", inquit, „libenter promitto." Tamen mox cum amicis bestias feras capientibus in silvas contendit et aprum[2] ingentem venabulo[3] tetigit. Qui in Adonidem ruens eum dentibus[4] graviter laesit[5]. Ne Venus quidem, quae pereuntem invenit, miserum servare potuit. Iuppiter autem dolorem filiae cognoscens Adonidem quotannis[6] in terram[7] redire sivit. Plerique ex eius sanguine florem[8], cui nomen est Adonium, crevisse putant.

[1]cor *n* Herz [2]aper, aprī *m* Wildschwein [3]vēnābulum Jagdspieß [4]dēns, dentis *m* Zahn [5]laedere, laedō, laesī verletzen [6]quotannīs *Adv.* jedes Jahr [7]terra Erde [8]flōs, flōris *m* Blume

stante pede	„sofort" – Erkläre, wie die Übersetzung entstanden ist. → pēs, pedis *m* Fuß
Latine loqui	lateinisch sprechen
Dum spiro, spero.	„Solange ich atme, hoffe ich." – Wortspiel
Amantes amentes.	Übersetze das Wortspiel. → āmēns, āmentis wahnsinnig

WORT UND FORM

1 Ein Philosoph als Kaiser? *Partizipialformen zuordnen und bilden*

a) Markiere PPA und PPP in verschiedenen Farben. Die Anfangsbuchstaben der Partizipien, die nicht im Ablativ stehen, ergeben den Spitznamen des Kaisers Marc Aurel.

b) Bilde zu den PPA-Formen die entsprechenden PPP-Formen und umgekehrt.

videntes – mandatis – errantium – respicientis – putantibus – imperanti – moto – subiectum – solutas – ignorantem – liberata – commotis – missum – delecta – excitante – servatos

Lösungswort:

								U	

Marc Aurel, dessen Bild du im Textband, S. 105, sehen kannst, war fast zwanzig Jahre lang römischer Kaiser und gleichzeitig der letzte bedeutende Vertreter der Stoiker. Diese Philosophen engagierten sich oft in der Politik. Für ein Projekt, das ihrem Leben Sinn verleiht, waren sie zu leiden und – wie Seneca, der Lehrer des Kaisers Nero – sogar zu sterben bereit. Für sie hieß es: „Alles oder nichts!“

SATZ, TEXT UND KULTUR

2 Aus dem Leben des Philosophenkaisers *KNG-Kongruenzen erkennen*

Verbinde die folgenden Substantive mit den Partizipien, mit denen sie nach KNG übereinstimmen. Markiere die dabei entstandenen Ablativi absoluti.

a) orationibus	philosophiam amante
b) imperatore	clamantem: „O tempora!“
c) sententia	in foro habitis
d) magistrum (Lehrer)	Marci Aurelii cognita
e) adulescens	patrem interrogans

3 Cäsar und die Kaiser *Ablativus absolutus übersetzen*

Überlege, welche deutsche Übersetzung zur Wiedergabe der Ablativi absoluti inhaltlich am besten passt. Dazu gibt dir der Text von 19 **Z** Hilfen. (dictātor, ōris *m* Alleinherrscher)

Caesare necato senatores iram populi timebant.	Dictatore necato populus tristis erat.

4 Wenn du Scharfsinn besitzt, so zeige ihn in weisen Urteilen* *Übersetzungen analysieren*

Welche der folgenden Übersetzungsmöglichkeiten passt nicht zu dem, was du über den Ablativus absolutus (und die lateinische Grammatik) gelernt hast? Begründe deine Entscheidung.

Oratione habita Cato abiit.	a) Bevor die Rede gehalten worden war, ging Cato weg. b) Nachdem Cato seine Rede gehalten hatte, ging er weg. c) Während die Rede gehalten wurde, ging Cato weg. d) Cato hielt seine Reden und ging dann weg. e) Weil die Rede gehalten worden war, ging Cato weg. f) Cato hielt die Rede, weil er danach weggehen wollte.

5 Ursache und Wirkung I *Partizipialkonstruktionen vervollständigen und Sätze übersetzen*

Entscheide, welche der drei Formen jeweils passt – streiche die falschen Formen durch. Übersetze danach und achte dabei vor allem auf eine sinnvolle Unterordnung.

a) Troia a Graecis | accendens | accensa | accensis | homines ex oppido fugiunt.

b) Cato Graecos philosophiam | docentes | docentibus | doctos | e Roma pepulit.

c) Graecis e Roma | pellens | pulsis | pellentibus | Cato contentus erat.

6 Zur Tat schreiten *Sätze mit Ablativus absolutus bilden*

Baue nach dem folgenden Beispiel die ersten Hauptsätze zu Ablativi absoluti um und verbinde sie mit dem zweiten Hauptsatz. Übersetze dann.

Beispiel: Haec verba dicta sunt. Cato abiit. → His verbis dictis Cato abiit.

a) Clamor auditus est. Homines timent. b) Consilium neglectum est. Homines necantur. c) Consilium ab hominibus neglectum est. Urbs relicta non est. d) Narcissus fugit. Echo clamat.

7 Ursache und Wirkung II *Partizipialkonstruktionen erkennen und Sätze übersetzen*

Markiere Ablativus absolutus und Participium coniunctum. Übersetze die Sätze.
Wähle eine sinnvolle Übersetzungsvariante.

a) Signo a deis dato homines urbem relinquunt. b) Homines fugiunt ex aedificiis accensis.
c) Narcisso fugiente Echo clamat. d) Ira commota Cornelia clamabat aliis liberis tacentibus.

8 Rückfall *Sachwissen anwenden*

Auch in Zeiten des Philosophenkaisers Marc Aurel suchten die Menschen das Orakel von Delphi auf.
Ordne die Orakelsprüche der Pythia prominenten Besuchern aus dem „Gästebuch" zu.

A Dido | B Phaëthon | C Publius Cornelius Scipio Africanus | D Odysseus | E Helena

F Penelope | G Achilles | H Caesar | I Paris | J Hannibal | K Europa | L Cicero | M Aeneas

1. Lass dich nicht so lange bezirzen! ☐ **2.** Wage dich nicht zu hoch hinaus! ☐ **3.** Du wirst siegen, aber dein Gegner stirbt im selben Jahr wie du! ☐ **4.** Deine große Liebe wird dich heimlich verlassen! ☐ **5.** Hüte dich vor den Iden des März! ☐ **6.** Pass auf deine Ferse auf! ☐ **7.** Noch in 2000 Jahren folgen dir die Lateinschüler auf die rostra! ☐ **8.** Dir wird kein Gebirge zu hoch sein! ☐

Wenn du Scharfsinn besitzt, so zeige ihn in weisen Urteilen. Marc Aurel, „Selbstbetrachtungen" 8, 38

22 WORT UND FORM

1 Formal *Partizipialformen bestimmen*

Markiere die Partizipien und bestimme sie, z. B. vocatam → Akk. Sg. *f* des PPP von vocare „rufen“.

errati – relinquentis – vehemens – prohibent – commoto – iacetis – corruptorum – resistentes – debentur – oportet – parentes (!) – ostendunt – pulsis – faciente – agitari – celeres

2 Viele Formen – viele Klassen! *Deklinationsklassen zuordnen und Formen bilden*

Fische die Substantive der a- und o-Deklination, der 3. Deklination und der e- und u-Deklination heraus, indem du sie mit verschiedenen Farben markierst. Bilde zu den Singularformen den Plural und umgekehrt.

rebus	manu	curarum	dono	spem (!)	membra
partem	lacrimas	equitis	facinori	iuvenis	custodis
flagitii	dolori	diem	anno	tabularum	undas
vestigium	templi	exercituum	fabulis	piratam	lege

SATZ, TEXT UND KULTUR

3 Cäsar – ein absoluter Meister *Ablativus absolutus übersetzen*

In Cäsars Werk „De bello Gallico“ beginnen viele Kapitel mit einem Ablativus absolutus. Übersetze sie durch einen treffenden Ausdruck.

a) Hoc proelio facto
b) His rebus[1] confectis
→ Caesar exercitum in urbem duxit.

c) His rebus[1] cognitis
d) His nuntiis acceptis
→ Caesar consilium cepit.

[1]rēbus *Abl. Pl.* Sache

4 Kein Drama! *Ablativus absolutus erkennen und übersetzen*

Markiere den Ablativus absolutus. Übersetze ihn – nach Möglichkeit – mit einem passenden Adverbialsatz und beachte das Zeitverhältnis.

a) Reditu[1] legatorum nuntiato imperator eos consulere paravit. b) Legatis de consiliis hostium narrantibus imperator in lecto[2] sedebat. c) Pace ab hostibus non impetrata imperator exercitum in hostes duci iussit. d) Nonnulli milites Romani imperatore invito hostes petere voluerunt. e) Hostibus accedentibus copiae Romanae arma corripuerunt. f) Multis militibus occisis neque hostes neque Romani se receperunt.

[1]reditus, ūs *m* Rückkehr [2]lectus Bett

5 Ad acta!* *Ablativus absolutus übersetzen*

Übersetze den Ablativus absolutus jeweils auf drei Arten, also mit einem Adverbialsatz, mit einem Präpositionalausdruck und durch Beiordnung.

a) Hostibus vehementer resistentibus Romani non multum processerunt. b) Capto monte hostes denique fugerunt. c) Multis viris amissis tamen hostes pacem non petiverunt. d) Inopia militum crescente dux hostium resistere desiit.

6 Familienverhältnisse *Sachwissen anwenden*

Löse das Silbenrätsel. Beachte die lateinische Rechtschreibung.

bae	cles	o
ne	ni	di
e	is	me
po	pus	ly
ces	cre	te
oe	on	the

a) pater Antigonae ____________________

b) frater matris Antigonae ____________________

c) soror Antigonae ____________________

d) patria Antigonae ____________________

e) „bonus“ frater Antigonae ____________________

f) „improbus“ frater Antigonae ____________________

7 Ein tragischer Konflikt *Wortformen einsetzen und Sätze übersetzen*

Hier sind die Substantive bzw. Eigennamen verlorengegangen, die jeweils Bestandteil des Ablativus absolutus sind. Füge aus folgendem „Vorrat“ in jeden Satz die Form ein, mit der eine sinnvolle Aussage entsteht, und übersetze dann.

fratribus	Creonte	Polynice	proelio

a) ____________ Thebas relinquente Eteocles frater copias instruxit. b) Paulo post Polynices cum exercitu rediit et ____________ commisso neque Eteocles neque Polynices victor fuit. c) ____________ occisis Eteocles apud Creontem, regem novum, in magno honore fuit, Polynici autem Creon sepulcrum[1] negavit. d) Sed Antigona ____________ invito etiam Polynici sepulcrum[1] dedit.

[1]sepulcrum Grab

8 Wie Ödipus nach Theben kam *Text übersetzen*

Übersetze den Text.

Oraculo Delphico[1] consulto[2] Laius, rex Thebarum, Iocasta uxore invita liberos habere noluit. Ab oraculo enim audiverat filium suum patrem necare velle. Tamen Iocasta puerum peperit, quem servus Laio auctore in silvam portavit ibique solum reliquit. Sed puer a rege Corinthio[3] receptus et Oedipus appellatus apud novos parentes contentus erat. Nonnullis civibus de Oedipodis genere[4] dubitantibus[5] adulescens oraculum adiit et verum petivit. Nuntio malo accepto ille ad parentes non rediit et sene ignoto interfecto in regnum Thebarum pervenit. Ibi aenigmate[6] Sphingis[7] soluto Iocasta ei uxor data est.

[1]Delphicus aus Delphi, von Delphi [2]cōnsultum: *PPP zu* cōnsulere [3]Corinthius korinthisch, von Korinth (Stadt in Griechenland) [4]genus, generis *n* Abstammung [5]dubitāre zweifeln [6]aenigma, atis *n* Rätsel [7]Sphinx, Sphingis *f* Sphinx (Ungeheuer mit Löwenkörper und Frauenkopf)

ad acta	„zu den Akten (legen)“ – etwas für beendet erklären

TESTE DICH SELBST: PHILOSOPHIE & CO

Deine Eltern möchten dich zum Studium nach Griechenland schicken. Die angesehensten Philosophen und Rhetoriklehrer findest du in Athen und auf der Insel Rhodos. Schaffst du genug Eulen für die Aufnahmeprüfung?

1 Grundfragen der Menschheit → 23

a) Setze vor die angegebenen Substantive in der Tabelle die passende Form von hic, haec, hoc. (5)

b) Wähle aus dem Wortspeicher diejenigen Substantive aus, die einen Gegensatz zu den angegebenen Substantiven bilden, und schreibe sie in die dritte Spalte. Gib auch die Bedeutungen des Gegensatzpaares an. (5 + 10)

	clamor		perturbare – felix – manus – argentum – pax – gaudium – silentium – vires – vita – deus – metus – inopia – bonum – miseria – demum – nihil – rursus – amor – aurum – supplex – philosophus – superbia – gloria – dolus – tristis – fuga – patres – rursus – quiescere – volare – animus – negare – quondam – sors
	dolor		
	homo		
	mors		
	bellum		

2 Sprüche klopfen → 5

Übersetze mindestens fünf dieser „weisen“ Sprüche.

Cognosce te ipsum. Thales	Ubi bene, ibi patria. Cicero	Per aspera[1] ad astra[2]. Seneca
Fortibus fortuna[3] adest. Simonides	Nemo[4] ante mortem beatus[5]. Solon	Omnia mea mecum porto. Bias
Manus manum lavat[6]. Seneca	Barba[7] non facit philosophum.	Multum, non multa. Plinius

[1]asper, era, erum rau [2]astrum Stern [3]fortūna Glück [4]nēmō niemand [5]beātus glücklich [6]lavāre waschen [7]barba Bart

3 Diogenes → 24

Der Philosoph Diogenes (Diogenēs, is) erregte durch seine ungewöhnliche Lebensweise und sein Auftreten im 4. Jh. v. Chr. in Griechenland großes Aufsehen.

Diogenes nihil fere eorum probabat, quae ceteris placebant. A multis civibus risus[1] secundum[2] naturam vivere studebat. Constat Diogenem nihil possedisse[3] et in dolio[4] vixisse[5]. Atheniensibus[6] dolium ridentibus dixit: „Domum possidere non debeo!“

Diogenes solum poculum[7] secum habebat. Sed quia puerum aquam manu bibentem vidit, etiam illud poculum dimisit. Diogenes non solum propter hunc modum vitae canis[8] appellabatur.

Alexander Magnus a nullo hoste victus tamen huic viro praestare non potuit. Alexander Diogenem in sole sedentem rogavit: „Quid cupis?“ Diogenes: „Nunc quidem abi paulum[9] de sole!“ His verbis auditis rex discessit. Cives Athenienses iterum atque iterum patriam laudabant. Diogenes autem respondit nullam urbem sibi patriam esse et se ipsum totius orbis terrarum[10] civem esse.

[1]rīsus: *PPP zu* rīdere [2]secundum *m. Akk.* gemäß [3]possīdēre, possīdeō, possēdī besitzen [4]dōlium Fass [5]vīxisse: *Perf. zu* vīvere [6]Athēniēnsis, is athenisch, *Subst.* Athener [7]pōculum Becher [8]canis Hund [9]paulum *Adv.* ein wenig [10]orbis (is *m*) terrārum Erdkreis

a) Die Anhänger des Diogenes nannte man Kyniker (von griech. *kyon* „Hund“). Daraus entwickelte sich der heutige Begriff Zyniker. Nenne nach der Lektüre des Textes zwei Gründe, weshalb die Bezeichnung Kyniker für Diogenes passend ist (2)

b) Fasse den Inhalt der Begegnung mit Alexander dem Großen mit eigenen Worten zusammen. (4)

c) Unterstreiche mit verschiedenen Farben:

- Prädikate, von denen ein AcI abhängt / Akkusativ / Infinitiv (2 + 2 + 2)
- PC (PPP) mit Bezugswort (2 + 2)
- PC (PPA) mit Bezugswort (2 + 2)
- Ablativus absolutus (2 + 2)

4 Recte an false? → 5

Kreuze an.

	R	F
a) Viele Vorsokratiker waren Naturphilosophen, die nach dem Urelement suchten.		
b) Thales hielt das Feuer für das Urelement, das alles Leben und alle Dinge hervorbringt.		
c) Sokrates starb steinalt und hoch verehrt in Athen.		
d) Sein Schüler war Platon, dieser wiederum unterrichtete Aristoteles.		
e) Epikur lehrte, dass sich der Mensch in der Politik engagieren muss, um glücklich zu leben.		

Anzahl der gesammelten Eulen:

53 – 48	47 – 33	32 – 18	17 – 0
Mehercule! Du bekommst ein Stipendium für Rhodos! Bei Apollonios Molon, dem berühmtesten Redelehrer der Zeit!	**Cicero nimmt dich mit nach Athen!** In der Hochburg der Philosophie wirst du bei Antiochos von Askalon und anderen Koryphäen sicher viel Neues lernen!	**Du musst leider noch beim rhetor in Rom bleiben!** Wenn du dich anstrengst, darfst du bald mit zur Vorlesung von Philon aus Larissa, dem Leiter der Akademie von Athen!	**Zurück zum grammaticus!** Du musst noch einmal Grundlagen pauken

Demonstrativpronomina; ipse	Participium coniunctum	Ablativus absolutus	
Das weiß ich / kenne ich:			
Das kann ich:			
Das muss ich noch üben:			

EXKURS: Die Anfänge des Theaters in Griechenland

Theater zu spielen und sich in eine andere Rolle hineinzuversetzen, ist eine der ältesten Künste der Menschheit. Jede Aufführung ist ein einmaliges, unwiederholbares Ereignis. Auch wenn Text, Ensemble oder Regie festgelegt sind, wird das Stück in jeder Vorstellung neu „in Szene gesetzt“ – mit einem immer anderen Publikum als Mitspieler. Denn der Zuschauer nimmt mit seinen Gedanken und Gefühlen am Geschehen teil. Was mit uns als Publikum im Theater geschieht, ist bis heute ein faszinierendes Geheimnis.

1 Wie alles begann ...

Beschreibe die Entstehung des Theaters anhand der Übersicht. Nutze auch die Informationen im Textband und recherchiere zu den angegebenen Stichpunkten.

6. Jh. v. Chr.: Dionysos • Satyrn und Mänaden als Begleiter • Athen • attische Demokratie • Dionysoskult • Große Dionysien (Frühjahrsfest)

5./4. Jh. v. Chr.: Aischylos • Sophokles • Euripides • Aristophanes • Menander

4. Jh. v. Chr.: Aristoteles „Poetik“

mythos: griech. „Geschichte, Erzählung“ Götter- und Heldensage

Grundkonflikte, z. B. Individuum ↔ Gesellschaft • Götter ↔ Menschen • Selbstbestimmung ↔ Schicksal

Tragischer Konflikt: Scheitern ist unausweichlich • Ursache liegt in der Konstellation und im Charakter der Figur

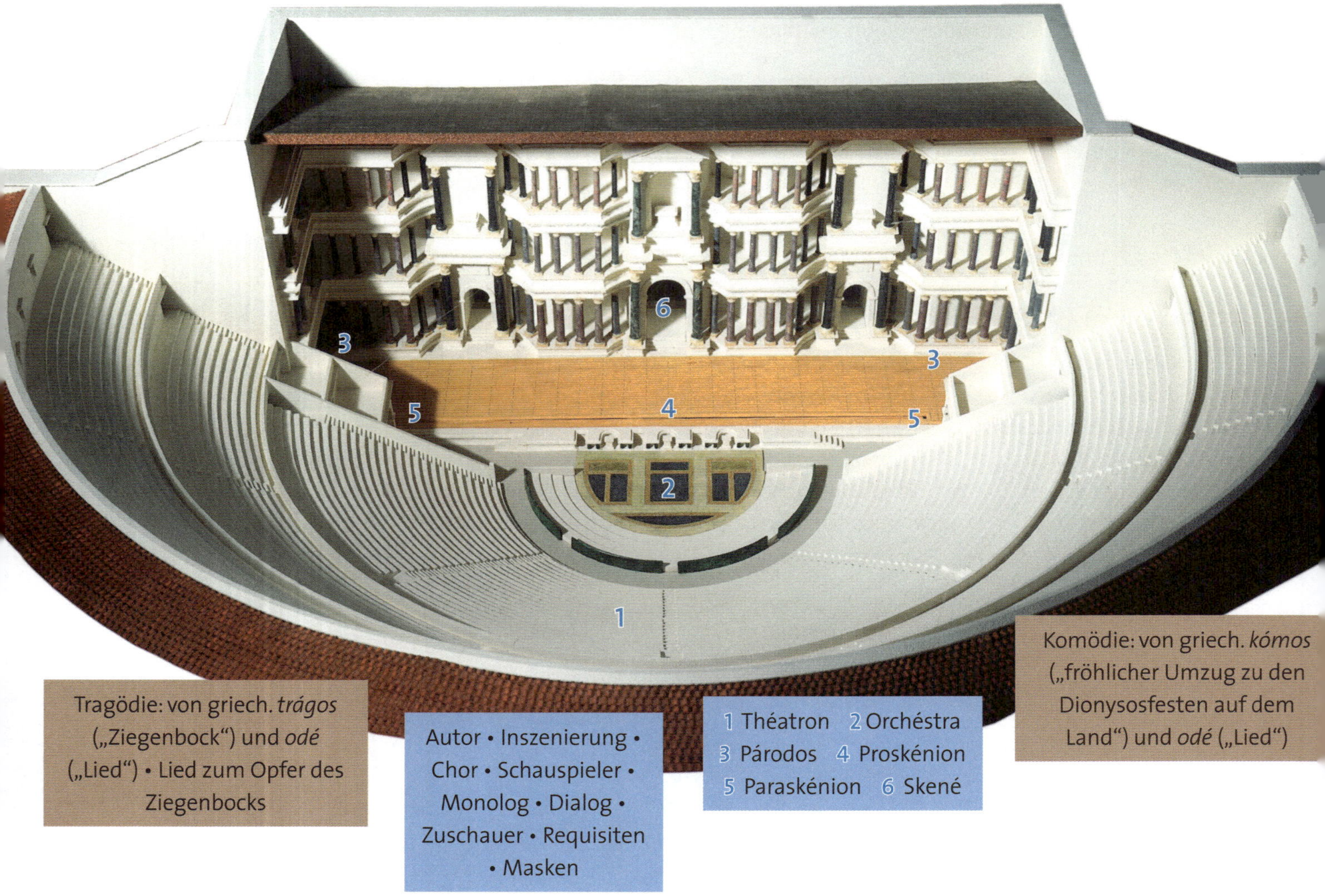

Tragödie: von griech. *trágos* („Ziegenbock“) und *odé* („Lied“) • Lied zum Opfer des Ziegenbocks

Autor • Inszenierung • Chor • Schauspieler • Monolog • Dialog • Zuschauer • Requisiten • Masken

1 Théatron 2 Orchéstra 3 Párodos 4 Proskénion 5 Paraskénion 6 Skené

Komödie: von griech. *kómos* („fröhlicher Umzug zu den Dionysosfesten auf dem Land“) und *odé* („Lied“)

Mit **Antigone** hast du bereits eine Frauengestalt aus der Mythologie kennengelernt, die im Mittelpunkt der griechischen bzw. römischen Tragödie steht. Weitere Heldinnen von Theaterstücken, Opern-und Ballettaufführungen begegnen dir auf der nächsten Seite.

2 Ordne die Bilder der Erklärung aus dem „Who is who" der Mythologie zu. Begründe.

I. Die Zauberin **Medea** verliebt sich in Jason, der aus ihrer Heimat das Goldene Vlies holen will, und hilft ihm. Als er sich später für eine andere Frau entscheidet, tötet sie die gemeinsamen Kinder auf grausame Weise.

II. **Eurydike** stirbt kurz nach der Hochzeit mit dem berühmten Sänger Orpheus durch einen Schlangenbiss. Durch Orpheus' Gesang betört, gestattet der Gott der Unterwelt die Rückkehr ins Leben. Doch Orpheus blickt sich – gegen das Gebot der Götter – auf dem Weg zur Oberwelt nach Eurydike um und verliert sie für immer.

III. Ungünstige Meereswinde verhindern auf Geheiß der Götter die Abfahrt der griechischen Flotte nach Troja. Erst als deren Anführer Agamemnon den Göttern seine Tochter **Iphigenie** opfert, gelingt der Aufbruch. Artemis rettet das Mädchen und macht sie zur Priesterin ihres Tempels auf der Insel Tauris.

IV. Apollon wirbt um **Kassandra**, die Tochter des trojanischen Königs, und lehrt sie die Kunst der Weissagung. Als Kassandra die Liebe Apollos nicht erwidert, belegt er sie mit einem Fluch: Sie kann in die Zukunft sehen, aber niemand schenkt ihren weisen Worten Glauben. Bei der Eroberung Trojas tut ihr der Grieche Aias vor einem Götterbild der Athene Gewalt an. Die Göttin rächt sie und so sterben viele Griechen auf der Heimreise.

3 Gestaltet in Gruppenarbeit ein Plakat mit einem Lexikonartikel für eine mythologische Figur, die oben angeführt ist, oder wählt selbst eine Heldin aus, z. B. Penthesilea, Daphne oder Dido.

WORT UND FORM

1 Gruß und Kuss *Steigerungsformen bestimmen und bilden*

a) Markiere die Steigerungsformen, bestimme und übersetze sie. Achte dabei auf die Wortarten und mehrdeutige Formen. Die Anfangsbuchstaben der übrigen Wörter ergeben *das* Wort für alle Liebenden: Kuss.

b) Positiv – Komparativ – Superlativ: Bilde die jeweils fehlenden Formen.

bellorum – longioribus – aspicior – celerrime – supplicio – ipsius – feliciorem – difficillima – unius – miserius – pulchriorum – fortissimo – munitione

Lösungswort:

2 Formen hin und her! *Steigerungsformen bestimmen und bilden*

Bestimme folgende Wortgruppen nach Kasus, Numerus und Genus. Bilde zu den angegebenen Singularformen jeweils die entsprechende Pluralform und umgekehrt.

victōriā celerī	supplicium grave	cum hoste fortiore	equis melioribus (2)	navis ingentior
Abl. Sg. *f*				
victoriis celeribus				

SATZ, TEXT UND KULTUR

3 Götter-Casting *Steigerungsformen ergänzen und Sätze übersetzen*

Ergänze die passenden Steigerungsformen und übersetze die Sätze.

honestissimam	tristissima	potentior	celeriorem	fortior	pulcherrimam

a) **Mercurium** deum ______________ esse scitis. b) Armis sumptis[1] **Mars** ______________ est quam **Apollo**. c) **Venerem** ______________ omnium dearum esse puto. d) Plerique **Iunonem** coniugem ______________ Iovis vocant. e) Nemo ______________ est **Iove**.

[1]sūmptus: *PPP zu* sūmere

4 Liebesgeflüster *Sätze mit Steigerungsformen übersetzen*

Übersetze die Liebesbotschaften. Verfasse selbst eine lateinische Liebeserklärung.

5 Der unvergleichliche Äneas? *Wortformen einsetzen und Sätze übersetzen*

Ersetze den Vergleich mit quam jeweils durch einen Ablativ des Vergleichs und umgekehrt. Übersetze die Sätze.

a) Auctores narrant Aeneam fortiorem **quam ceteros Troianos** fuisse. ______

b) Nemo enim imperiis deorum celerius **eo viro** paruit. ______

c) Simul virtus Aeneae neminem tristiorem **Didone** fecit, quam ille reliquerat. ______

d) Nam Dido fatum suum crudelius **quam mortem** putavit. ______

6 Wie eine Furie ...* *Sätze mit Steigerungsformen übersetzen*

Übersetze die Sätze. Achte auf eine treffende Übersetzung der Steigerungsformen.

a) In Didonem Aeneas superbiorem se praebuit, quia illam improbius reliquit. b) Illa fatum suum crudelissimum esse putavit. c) Nam acerrimum dolorem sensit[1], cum ab Aenea celerrime relicta est.

[1]sentīre, sentiō, sēnsī, sēnsum spüren

7 Äneas und Dido *Text übersetzen*

Übersetze den Text.

Troia accensa Aeneas sedes novas quaerens Carthaginem venit, ubi Dido, mulier pulcherrima, regnum obtinebat. Hospitibus familiarissime receptis Poeni ad honorem Aeneae Troianorumque convivium publicum paraverunt. Aenea de calamitate suorum narrante Dido amore illius capta est. Nullum enim virum cognoverat, qui fortior Troiano erat. Aeneas quoque Didonem pulcherrimam honestissimamque putavit atque eam quam celerrime solam videre cupivit. Et amore accensi Aeneas et Dido feliciter vivebant, dum ille crudeliorem se praebuit et mulierem amatam propter fatum reliquit.

8 Citius, altius, fortius* *Sachwissen anwenden*

a) Der Autor des Artikels ist verliebt und deshalb sind ihm sieben gravierende Fehler unterlaufen. Berichtige sie.
b) Nenne Gemeinsamkeiten und Unterschiede zwischen den antiken und modernen Spielen.

Wie die ersten Theateraufführungen waren die antiken Spiele in Olympia ursprünglich ein religiöses Fest. Sie begannen und endeten mit einem Opfer vor dem Altar des Ares, dessen prächtiger Tempel in der Antike zu den Zwölf Weltwundern zählte. Die Zählung nach Olympiaden war ein Zeitmaß im gesamten antiken Griechenland. „Olympiade“ ist – entgegen einem weit verbreiteten Irrtum – nicht gleichzusetzen mit „Olympische Spiele“, sondern bezeichnet den Zeitraum von fünf Jahren, der mit den Spielen beginnt. Die antiken Spiele waren aus heutiger Sicht außerordentlich brutal. Jeder Teilnehmer in den Kampfsportarten (z. B. Kickboxen, Ringen, Stockfechten) musste mit dem Tod rechnen und es gab sogar Kämpfer, die für ihr Durchhaltevermögen zum Sieger erklärt wurden, nachdem ihr Tod im Kampf festgestellt worden war. Die Sieger erhielten einen Siegeskranz aus geweihten Lorbeerzweigen. Man besang sie als Favoriten der Götter und verewigte sie als Statuen. Als berühmtester Olympionike der Antike galt der Ringer Milon von Kroton. Die Siegerlisten der antiken Spiele reichen bis ins Jahr 776 v. Chr. zurück. Nach der Eroberung Griechenlands durch die Römer im Jahr 148 n. Chr. war die Teilnahme auch nichtgriechischen Athleten gestattet. Erst der christliche Kaiser Theodosius ließ im Jahre 393 n. Chr. die Spiele verbieten. Nach antikem Vorbild fanden im Jahr 1896 die ersten Olympischen Spiele der Neuzeit in Berlin statt.

Furie	„Rachegöttin“ – Von lat. furor „Wahnsinn, Wut“. In der Mythologie peinigen die Furien, drei Göttinnen der Unterwelt, Mörder und andere Verbrecher aus Rache.
Citius, altius, fortius	„Schneller, höher, kräftiger“ – Motto der Olympischen Spiele der Neuzeit. Wie wird fortius heute übersetzt?

WORT UND FORM

1 Grundlagen – Aristoteles als Lehrer

Verbformen erkennen und bilden

Verbinde die entsprechenden Formen. Bilde dann zur angegebenen Singularform jeweils die entsprechende Pluralform und umgekehrt.

Alexander der Große
(356 – 323 v. Chr.), Sohn Philipps II. von Makedonien, wurde nicht nur durch seinen Feldzug bis nach Indien zum Mythos.

portaveram	portavi	porto	portabam	portantes	porta
fer	fero	ferebam	tuleram	tuli	ferentes

2 Physische Grenzen? *Verbformen bilden*

Übersetze die Formen. Bilde dann zur angegebenen Aktivform jeweils die entsprechende Passivform und umgekehrt. Alexander starb mit nur 33 Jahren. Die markierten Buchstaben verraten dir die mutmaßliche Todesursache.

ferebam	auferet	afferre	lati sumus	tuleramus	attulerunt

3 Psychische Grenzen? *Substantivformen erkennen*

Im Rausch soll Alexander seinen besten Freund erschlagen haben. Dessen Namen erfährst du, wenn du die Anfangsbuchstaben der Akkusative markierst (K = C).

Debes ferre: ira – malorum – maiorum – curas – dolorum – flagitio – leges – maritis – exempla – iniuriam – fortunae – turbam – propinquorum – inopia – poenae – orationem – servitutem

Lösung: _ _ _ _ _ _ _

4 Alexanders Frau *Verbformen ins Lateinische übersetzen*

Wenn du dich jeweils für die richtige Übersetzung entscheidest, erfährst du den Namen von Alexanders Frau.

a) ertragen haben	**R** tulisse	**S** ferri	**T** latum esse
b) sie waren getragen worden	**M** tulerant	**N** lati sunt	**O** lata erant
c) er verglich	**X** conferebat	**Y** confertur	**Z** collatum erat
d) sie werden rauben	**A** auferent	**C** auferunt	**C** auferant
e) ich werde getragen	**M** fers	**N** feror	**O** ferar
f) du hast herbeigebracht	**C** abstulisti	**D** attulistis	**E** attulisti

SATZ, TEXT UND KULTUR

5 Iovem lapidem iurare* *Genitiv und Ablativ der Beschaffenheit erkennen und Sätze übersetzen*

Ein Veteran aus dem ruhmreichen Heer Alexanders schwärmt in einem thermopolium (Kneipe) von den „guten alten Zeiten". Markiere Genitivus qualitatis bzw. Ablativus qualitatis in verschiedenen Farben und übersetze die Sätze.

a) Alexander[1] Magnus dux magna virtute erat. b) Alexander etiam vir incredibili potentia erat. c) Alexandrum etiam imperatorem maiore ingenio fuisse scimus. d) Alexandro, regi summo honore, imperium ingens erat. e) Etiam milites eius maxima virtute erant. f) Itaque – militibus in Persas[2] aliosque populos ductis – imperium mirae magnitudinis rexit.

[1]Alexander, drī *m* Alexander [2]Persae, ārum *m Pl.* die Perser

6 Iucundi acti labores* *Text übersetzen*

Alexander, clarissimus omnium regum Madeconiae[1], iniuriam Persarum[2] memoria tenens eorum regnum incredibili magnitudine perdere decrevit. Itaque magno exercitu allato Hellespontum[3] transiit et non solum Ephesum Miletum[4]que, colonias[5] Graecas, sed etiam alios fines imperio Persarum liberavit. Multis proeliis commissis Alexander victor in Aegyptum iter fecit. Qui rex maximo ingenio Aegyptum celerrime vicit. Quamquam Alexander vir maxima potentia erat, oraculum clarissimum Hammonis[6] dei consulere voluit. Itinere multorum dierum facto Alexander templum Hammonis intravit. Ibi filius Iovis appellatus est. Hoc audito sortem suam memoria non tenuit et nomen vere accepit. Nemo enim tantum gloriae quantum[7] Alexander quaesivit.

[1]Macedonia Makedonien (nördliches Nachbarland der Griechen) [2]Persae, ārum *m Pl.* die Perser [3]Hellēspontus der Hellespont (Meerenge zwischen Ägäis und Marmarameer) [4]Ephesus, Mīlētus Milet (griech. Städte in Kleinasien) [5]colōnia Siedlung, „Kolonie“ [6]Hammōn, ōnis *m* Ammon (ägypt. Gott, von den Römern mit Jupiter gleichgesetzt) [7]quantus wie (groß)

7 Das Lieblingspferd von Alexander dem Großen *Sachwissen anwenden*

Bei richtiger Lösung erhältst du den Namen von Alexanders Lieblingspferd. Übersetzt bedeutet er „Ochsenkopf“. Der schwarze Hengst, der 30 Jahre alt geworden sein soll, ließ sich angeblich nur von Alexander reiten und zog mit ihm bis nach Indien.

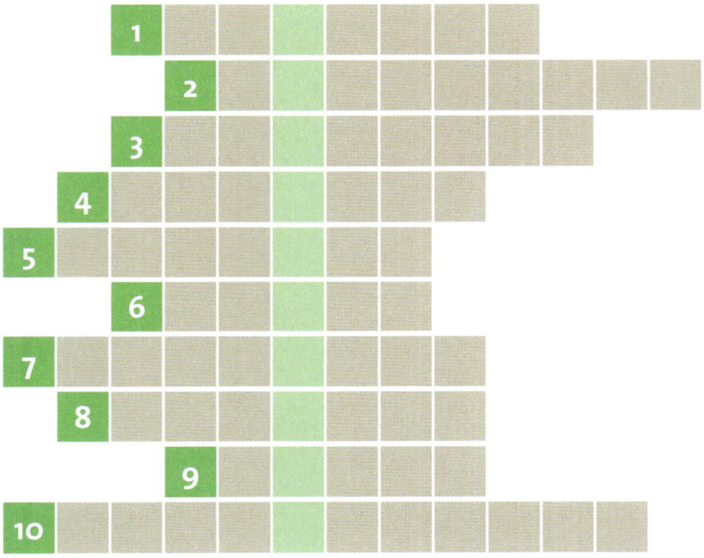

1 Sterbeort Alexanders des Großen; kulturelles Zentrum Vorderasiens 2 griech. Dramatiker 3 griech. Philosoph, der durch den Schierlingsbecher starb 4 Stadt in Kleinasien mit Celsus-Bibliothek 5 griech. Austragungsort regelmäßiger Wettkämpfe 6 griech. Stadt mit Dionysos-Theater 7 Stadt in Kleinasien mit Altar (heute in Berlin) 8 „Pferdeliebhaber“, Vater von Alexander dem Großen 9 berühmter griech. Dichter 10 Stadtgründung Alexanders und Ort seiner Bestattung (X = KS)

Iovem lapidem iurare	„beim steinernen Jupiter schwören‘ – Bekräftigung einer Aussage mit der rechten Hand auf einem Jupiter-Stein
Iucundi acti labores.	Übersetze den bei Cicero überlieferten Gedanken.

WORT UND FORM

1 Clavis Herculis!* *Verbformen bilden*

Setze folgende Infinitive in die vorgegebene Form des Konjunktiv Imperfekt oder Plusquamperfekt. Die Buchstaben in Klammern ergeben von oben nach unten gelesen einen Lieferanten für die Produktion wertvoller Stoffe.

capere, 3. Sg. Impf. (3)	scire, 2. Pl. Plusqpf. (2)
velle, 3. Pl. Plusqpf. (4)	reprehendere, 1. Sg. Impf. (6)
ferre, 2. Pl. Impf. (4)	necare, 3. Pl. Plusqpf. (1)
exspectare, 1. Sg. Impf. (4)	auferre, 2. Sg. Plusqpf. (10)
prohibere, 1. Pl. Plusqpf. (7)	facere, 1. Pl. Plusqpf. (3)
respondere, 2. Sg. Impf. (9)	currere, 3. Sg. Plusqpf. (3)
aspicere, 3. Sg. Impf. (2)	avertere, 1. Sg. Impf. (8)

Lösungswort: ____________________ (= K) ___

SATZ, TEXT UND KULTUR

2 O quam pulchra urbs mea! *Steigerungsformen bilden*

Caius (C), der aus Rom stammt, trifft in Trier seinen Freund Bassus (B). Beide schwärmen von ihrer Stadt. Setze die Adjektive in die jeweils passende Komparativform.

C: Thermae nostrae ____________ (magnus) sunt quam vestrae.

B: Hic pons ____________ (longus) est quam pontes Romae.

C: Nobis ____________ (multus) templa sunt.

B: Basilica nostra ____________ (amplus) est.

Die beiden können sich noch steigern. Bilde den richtigen Superlativ:

C: Nobis Circus ____________ (magnus) est.

B: Sed nobis thermae ____________ (pulchre!) ornatae sunt.

C: In urbe Roma ____________ (multus) tabernae sunt.

B: Sed nobis vinum ____________ (bonus) est.

3 Si dis placet ... *Sätze ergänzen*

Der Sklave Parvusmus träumt am Ende seines Lebens vom großen Reichtum, den er aber nie erreicht hat. Setze die Infinitive in die richtige Form, sodass sie zum Anfang des Satzes passen.

Si dives fuissem, ...

a) in lectica[1] (portari) ____________

b) iter maximum (facere) ____________

c) mihi maximae aedes (esse) ____________

d) mea familia vestibus pulcherrimis (ornari) ____________

[1] lectīca Sänfte

4 Si Titus minus biberet, ... *Text übersetzen*

Achte bei der Übersetzung des folgenden Briefes vor allem auf die Zeitengebung innerhalb des Irrealis: Bezieht sich der Sprecher jeweils auf die Vergangenheit oder auf die Gegenwart?

Titus Annae suae salutem dicit!
Tibi scribo e carcere[1], optima pulcherrimaque Anna. „Cur in carcere[1] es? Quid actum est?“, interrogares, si me videres. Omnia tibi dicam: Me amore Clodiae accensum esse non ignoras. Si Clodia libera esset, ego non tam miser essem. At Clodia uxor Quinti, optimi amici mei, est, ut scis ... Itaque semper in taberna sum, ubi vitam miseram et tristem ago et multum vini bibo.
Heri[2] autem duo milites me nimium clamantem et flentem e taberna eiecerunt. Tum solus et tristis multa nocte per vias Romae errabam, cum subito ante thermas lecticam[3] auro argentoque ornatam vidi. Servos, qui lecticam custodiebant[4], non vidi. Mecum dixi: „Si hic quiescerem, non iam domum ire deberem!“

O Anna, tam fessus[5] eram! Me ipsum magna voce dicere audivi: „Intra, amice, haec lectica pulchra et mollis te exspectat. Si tu non venisses, nemo hic quiesceret. Intra, amice!“ Itaque intravi et statim somno captus sum.
Prima luce custodes lecticae, qui in taberna fuerant, redierunt, me viderunt, me ceperunt, in carcerem portaverunt.
Nunc hic iaceo cogitans: „Nisi[6] hoc vinum bibissem[7], non tam fessus fuissem! Si lecticam diligentius observavissem, custodes vidissem! Si ... si ... si ...!“ Tum mecum dico: „Nisi tu amica mea esses, haec non scriberem! Sine te perirem!“ Anna, veni et libera me miserum!

[1]carcer, carceris *m* Kerker [2]herī *Adv.* gestern [3]lectīca Sänfte [4]custōdīre bewachen [5]fessus müde
[6]nisī wenn nicht [7]bibissem: *Konj. Plusqpf. zu* bibere

5 Verum aut falsum? *Sachwissen anwenden*

In den Text haben sich zahlreiche Fehler eingeschlichen. Berichtige sie.

In der Stadt Augusta Treverorum, dem heutigen Augsburg, spazierte im Jahr 336 n. Chr. – es herrschte gerade der Kaiser Nero – ein junger Mann namens Publius vom Amphitheater am Circus Maximus entlang, der ihn zur Porta Nigra führte. Als sich Publius den Thermen näherte, stürzte gerade sein Freund Aulus aus dem tepidarium, dem Kaltbad, und zeigte ihm aufgeregt zwei Denare (Kupfermünzen), die er auf dem Sportplatz, dem apodyterium, gefunden hatte. Was konnte man nicht alles dafür kaufen! Aulus brauchte dringend eine strigilis, ein neues Ölfläschchen, für den Besuch der Thermen. Publius hatte in einem Laden am Forum eine schön bestickte tunica, einen Wollmantel, gesehen. Aber ob ihr Geld dafür reichte? So beschlossen sie, zunächst eine Weinhandlung (basilica) aufzusuchen, um bei einem Becher Wein darüber zu beraten.

clavis Herculis	„der Schlüssel des Hercules“ – So wird der Lieferant des wertvollen Stoffes auch genannt.

TESTE DICH SELBST: Unterwegs mit Pertinax

Du folgst der Karriere des späteren Kaisers Pertinax (126 – 193 n. Chr.), die ihn durch viele Provinzen führt, und kannst bei jeder Aufgabe Steine für deinen Ehrenbogen sammeln, der dir für deine großen Verdienste errichtet wird. Publius Helvius Pertinax trat um 160 n. Chr. in das römische Heer ein und wurde damit zum Ritter erhoben. Er war dann ...

1 Präfekt der IV. gallischen Auxiliarkohorte (in der Provinz Syria) → 6 Steine

Setze die aktiven Formen ins Passiv und die passiven ins Aktiv.

Aktiv		Passiv
fert	→	
	←	ferebamur
tulisti	→	
	←	lati eratis
feremini	→	
	←	latum esse

2 Tribun der legio VI Victrix (in der Provinz Britannia) → 6 Steine

Welche Komposita von esse, ire oder ferre stecken hinter den folgenden Fremdwörtern? Nenne die 1. Pers. Sg. Präsens des entsprechenden Verbs.

a) Konferenz		d) Interesse	
b) Potenz		e) Abitur	
c) Ablativ		f) Initialen	

3 Präfekt der Rheinflotte in Germanien (in Köln) → 6 Steine

Setze die angegebene Form an passender Stelle ein und übersetze.

clarius | divitior | graviorem

a) Quis ______________ erat Croeso?

b) Quod aedificium est ______________ Colosseo?

c) In eo proelio imperator calamitatem ______________ accepit.

4 Kaiserlicher Procurator der drei dakischen Provinzen → 10 Steine

Bestimme in den folgenden Sätzen die verschiedenen Funktionen des Ablativs und übersetze angemessen.

a) Auctores Herculem virum maxima virtute fuisse narrant. ______________

b) Amici semper pulchris donis gaudent. ______________

c) Hoc loco Germani cum Romanis pugnaverunt. ______________

d) Exercitus Romanus cives a periculo liberare potuit. ______________

e) Nuntius imperatori celerius sagitta[1] allatus est. ______________

[1] sagitta Pfeil

5 Kaiserlicher Vertrauter im Orient (in der Provinz Syria) → 10 Steine

Bestimme in den folgenden Sätzen die verschiedenen Funktionen des Genitivs und übersetze angemessen.

a) Haec taberna Quinti mercatoris est. ______________________________

b) Epicurus erat philosophus maximi ingenii. ______________________________

c) Captivis spes salutis non iam erat. ______________________________

d) Metus civium captorum magnus erat. ______________________________

e) Civibus nihil ciborum erat. ______________________________

6 Proprätor der Provinz Britannia → 6 Steine

Übersetze die Kondizionalsätze.

a) Galli Capitolium cepissent, nisi[1] anseres[2] Manlium e somno excitavissent.
b) Si milites fortiter pugnarent, mulieres liberique in servitutem non ducerentur.
c) Si Iuppiter, cum homines scelera committunt, fulmina[3] mitteret, celeriter sine armis esset.

[1]nisī wenn nicht [2]ānser, eris *m* Gans [3]fulmen, fulminis *n* Blitz

7 Verwalter der Provinz Africa → 5 Steine

Ordne die Fragesätze den passenden Personen zu.

1. Hannibal interrogavit:		a) „Quis nostrum pulcherrima est?“
2. Caesar interrogavit:		b) „Ubi sunt elephanti?“
3. Romulus interrogavit:		c) „Quando in patriam redībo?“
4. Ulixes interrogavit:		d) „Adestne Brutus?“
5. Tres deae interrogaverunt:		e) „Cur rides, frater?“

8 Römischer Kaiser: Imperator Caesar Augustus → 7 Steine

1. Untersuche mithilfe der Karte im Textband, welcher Einsatzort des späteren Kaisers Pertinax am weitesten von Rom entfernt ist. (1) – 2. Die Einwohner von Köln ehrten Pertinax mit einer Ehreninschrift. Diese beginnt mit den Worten „Publio Helvio Pertinaci ...“. Begründe, warum der Name in diesem Kasus steht. (2) –
3. In Inschriften und auf Münzen finden sich zahlreiche Abkürzungen. Welche Substantive (im Nominativ) stecken hinter den folgenden Abkürzungen? (4) – a) **IMP** b) **COS** c) **AVG** d) **F**

Anzahl der gesammelten Steine:			
56 – 50	49 – 40	39 – 21	20 – 0
Arcus triumphalis Du bekommst einen prächtigen Ehrenbogen!	**Arcus mediocris** Dein Bogen wird etwas kleiner ausfallen!	**Opificii sedes** Nur eine Baustelle! Du musst noch arbeiten!	**Lapidicinae** Ein Steinbruch

Kasusfunktionen	Konjunktiv Imperfekt / Plusquamperfekt	Steigerungsformen	ferre
Das weiß ich / kenne ich:			
Das kann ich:			
Das muss ich noch üben:			

WORT UND FORM

1 Was ein Kaiser alles tun muss ... *Verbformen bilden*

Bilde die gewünschten Formen.

a) 2. Sg. Konj. Impf. Akt. zu **gerere** ______________________

b) 3. Pl. Ind. Perf. Akt. zu **iubere** ______________________

c) 1. Sg. Konj. Perf. Pass. zu **conficere** ______________________

d) 3. Sg. Ind. Plusqpf. Akt. zu **condere** ______________________

e) 2. Pl. Fut. Pass. zu **appellare** ______________________

f) 1. Pl. Konj. Perf. Akt. zu **consulere** ______________________

2 Auch seine Untertanen haben Pflichten *Verbformen bilden*

Bilde zu folgenden Indikativformen die entsprechenden Konjunktivformen und übersetze die vorgegebene Form.

	Konj. Präs.	Konj. Impf.	Konj. Perf.	Konj. Plusqpf.
a) adduxi				
b) affers				
c) deficiebant				
d) pepercimus				
e) aditis				

SATZ, TEXT UND KULTUR

3 Ante proelium *Sätze umformen*

Verwandle die direkten Aufforderungen in abhängige Begehrssätze:

a) Vercingetorix Gallos (die Gallier) monet: „Contendite fortiter cum Romanis!“

b) Caesar a militibus poscit: „Resistite et servate libertatem civium Romanorum!“

c) Milites Martem deum orant: „Dona Romanis victoriam pro virtute!“

d) Galli a Romanis postulant: „Fugite e Gallia!“

4 In castris *Subjunktionen einsetzen und übersetzen*

Ein römischer Soldat schreibt nach Hause. Setze die folgenden Subjunktionen passend in den Text ein, sodass sich grammatisch korrekte und sinnvolle Sätze ergeben. Übersetze dann.

cum | cum | cum | ne | ut | ut

Miles ad suos scribit: „Cupio, __________ nimis curis conficiamini; nam condicio nostra melior est quam antea. Ille, qui castris praeest, vir summo ingenio est et bene nobis consulit. __________ vita militum laborum plena sit, tamen nunc pericula non instant, __________ barbari novis rebus non studeant. Antea timor militum tantus erat, __________ omnes de salute iam desperarent. Tum castra nostra etiam capta sunt, __________ nunc hostes quiescant. Haec vobis scribo, __________ me valere sciatis.“

5 Kaiser Trajan *Text übersetzen und Informationen entnehmen*

a) Markiere vor dem Übersetzen Partizipial- und AcI-Konstruktionen.

Traianus imperator rem publicam ita administrat[1], ut alios principes superet. Incredibilis pietatis[2] et virtutis est. Omnibus iustum[3] se praestat, omnibus ab imperatore auxilium petentibus adest. Finibus imperii Romani longe auctis urbes ad Rhenum in Germania sitas[4] condit. Provinciam Daciam, quae ad Danuvium[5] sita est, subicit.
Armeniam, quam occupaverant Parthi[6], recepit occiso rege, qui eam tenebat. Usque ad[7] Indiae fines et mare Rubrum[8] accessit atque ibi tres provincias fecit: Armeniam, Assyriam, Mesopotamiam. In mari Rubro classem instituit, ut per eam Indiae fines observari possent.
Tamen subiectis semper parcit; boni ab eo magni aestimantur. Id curat, ut magistratibus salus civitatum curae sit; iubet milites pro gloria et magnitudine imperii virtute pugnare. Itaque Romani sciunt nullum principem feliciorem Augusto, nullum meliorem Traiano fuisse.

Marmorbüste des Kaisers Trajan. Um 110 n. Chr. London, British Museum.

[1]administrāre verwalten [2]pietās, ātis *f* Pflichtbewusstsein [3]iūstus gerecht [4]situs gelegen [5]Dānuvius die Donau [6]Parthī *m Pl.* die Parther (Volk an der Ostgrenze des Römischen Reiches) [7]ūsque ad *m. Akk.* bis zu [8]mare Rubrum Rotes Meer

b) Arbeite aus dem Text die Eigenschaften des Kaisers Trajan heraus.

c) Unter Kaiser Trajan erreicht das Imperium Romanum 116 n. Chr. seine größte Ausdehnung. Im Text wird genannt, welche Provinzen Kaiser Trajan dem Römischen Reich hinzugefügt hat. Markiere sie auf der Karte und nenne die heutige Bezeichnung der betreffenden Länder.

d) Additum: Kaiser Trajan gründete eine heute sehr bekannte Römerstadt. Wie hieß und heißt sie?

In der Römerstadt Köln gibt es viele Reste aus römischer Zeit.

1 Das **Nordtor** der Stadt nennt in Abkürzung ihren römischen Namen. Ergänze die fehlenden Formen.

PPA	PPP	PFA
agens		(2)
providens		(3)
laudans		(1)
demonstrans		(4)
conspiciens		(3)
scribens		(4)
audiens		(2)

Den ersten Teil ihres Namens erhältst du, indem du die angegebenen Buchstaben der Formen des Partizip Futur aneinanderreihst: ☐☐☐☐☐☐☐

2 Der **Römerturm** ist ein Teil der Stadtmauer. *KNG-Kongruenz erkennen*
Ordne den Substantiven die passenden Partizipien zu und übersetze.

1. milites	a) victuro
2. libri	b) exspectata
3. virgines	c) victos
4. imperatori	d) lecti
5. puerum	e) discedentem
6. fratris	f) rediturae
7. re	g) petituri

Die angegebenen Buchstaben der Partizipien ergeben den zweiten Teil des Namens:

1. (3) ☐ 2. (1) ☐ 3. (7) ☐ 4. (5) ☐ 5. (1) ☐ 6. (7) ☐ 7. (8) ☐

3 Der **Altar für Victoria** wurde der Göttin wohl zum Dank an einer Straßenkreuzung errichtet. Mit dem lateinischen Wort für „Altar" erhältst du den dritten Bestandteil des Namens der Stadt:

☐☐☐

4 Im **Praetorium**, der Residenz des Statthalters, muss Lucius seinen Dienst tun. *Text übersetzen*
Übersetze die folgenden Sätze und versuche, die Futurformen im Deutschen besonders präzise und treffend wiederzugeben.

a) Lucius matri dixit se multas epistulas scripturum esse.
b) Et profecto saepe epistulas scribere in animo habet:
c) Epistulam scripturus in urbem descendit, epistulam scripturus cibos emit, epistulam scripturus domum redit et cenam parat. d) Multa nocte non quiescit, sed de patria et matre cogitat. e) Itaque etiam multa nocte epistulam scripturus est, sed numquam eam scribit!

5 Sehnsucht nach Germanien (Germania) *Text übersetzen*

Mater Lucii doloribus maximis laborans morbum suum fortiter fert. Frequenter ad Quintum amicum it, qui medicus (Arzt) bonus est. Is autem mortem matris Lucii providens tamen numquam dicit eam morituram esse (sterben). Itaque mater sperat se mox in Germaniam ituram et uxorem Lucii visuram.
Quodam die mater Lucii in templo puellam videt, quae se res futuras videre dicit. Hac re cognita mater Lucii bono animo puellam de sorte sua consulit, sed nihil boni audit. Verbis duris auditis statim se puellae obicit clamans: „In Germaniam ibo filium visura!" et e templo excedit. Ira incensa Quintum amicum petit, cui dicit: „Me mox morituram esse non ignoravisti! Moritura tibi salutem dico – statim in Germaniam ibo! Tu – vale!"

6 Excitare *Sätze übersetzen und Konjunktive bestimmen*

Hortativ? Jussiv? Optativ? Prohibitiv? – Ein römischer Feldherr spricht vor einem Kampf gegen die Germanen zu seinen Soldaten. Übersetze und gib bei jedem Satz an, was der Konjunktiv hier ausdrückt.

a) Hodie castra Germanorum petamus et omnes hostes necemus! b) Utinam nos mortem ne timeamus neque fugiamus! c) Germani fugiant! d) Germanos superemus! e) Utinam Iuppiter nobis adsit!
f) Ne hostes timueritis!

7 Die Geschichte der römischen Stadt Köln *Sachwissen anwenden*

Der Schreiber dieser Zeilen hat wohl zu viel des guten Rheinweins getrunken, denn ihm ist hier einiges durcheinandergeraten. Korrigiere seinen Text und setze unten den Namen der römischen Stadt ein:

Die Geschichte Kölns beginnt in der Zeit um Christi Geburt mit der Entscheidung des römischen Kaisers Nero, genau hier, wo der Rhein aus dem engen Flusstal in die Ebene eintritt, eine Stadt zu gründen: die Hauptstadt der geplanten Provinz Germania, die von dem heutigen Spanien bis zu den Niederlanden und östlich bis zur Wolga reichte. Sofort wurde mit dem Bau einer steinernen Mauer und der Errichtung der Residenz des Statthalters, des Tabulariums, begonnen. Rom hatte im Rheinland den verbündeten Germanenstamm der Ubier angesiedelt und so erhielt der neue Verwaltungssitz den Namen „oppidum Ubiorum" (Stadt der Ubier).
Nach der Niederlage des Pilatus im Jahre 9 n. Chr. zogen sich die römischen Truppen auf die Rheingrenze zurück. Köln wurde Hauptstadt der Provinz Niedergermanien (Germania inferior). Um 50 n. Chr. wurde es von Kaiser Claudius auf Bitten seiner Gattin Agrippina, die in Köln geboren war, zu einer Kolonie mit römischem Stadtrecht erhoben und führte fortan den Namen:

AGRIPPINENSIUM.

WORT UND FORM

1 Semper idem *nd-Formen erkennen und bilden*

Markiere die Gerundium-Formen farbig und bilde von den anderen Verben ebenfalls das Gerundium im Ablativ.

condes | vendis | providendum | accendis | descendo | defendis | incendo | tegendo | contendis | subiciendi | reprehendendo | parendo | vindicas | ostendis | responde s | conducis

SATZ, TEXT UND KULTUR

2 Multae causae *Sätze übersetzen*

Übersetze folgende Sätze. Achte dabei auf die Bedeutung von causa.

a) Non est tibi causa timendi.
b) Puellis semper est aliqua causa ridendi.
c) Sine causa me a laborando prohibes.
d) Quam causam scelus committendi affers?

3 Ad discendum *Formen des Gerundiums bestimmen und übersetzen*

Berengar hat einen neuen Schüler. Markiere die erweiterten Gerundien, indem du die korrekte nd-Form (die nicht passenden streichen) zusammen mit den zu ihr gehörenden Wörtern einklammerst, sodass ein Wortblock entsteht, der in den Zusammenhang des Satzes passt.

a) Claudius et Berengarius multos libros legendi legendo legendum delectantur.
b) Ergo de bene legendo legendi legendum saepe disputant[1].
c) Berengarius Claudium artem bene legendo legendi legendum docet.
d) Nam Berengarius ad docendo docendi docendum natus[2] est.
e) Voluntas scribendum scribendi scribendo Claudium multas horas in cella sua tenet.
f) Berengarius enim semper dicit: „Nihil scribendum scribendi scribendo male scribere discis!“
g) Praeterea Claudius semper cupidus est nova audiendum audiendi audiendo .
h) Ea cupiditas omnia cognoscendum cognoscendi cognoscendo et Berengario gaudio est.
i) Claudius semper paratus est ad discendo discendum discendi .

[1]disputāre sich unterhalten [2]nātus geboren

4 nd-Formen im Kontext *Wendungen übersetzen*

Übersetze folgende Wendungen:

a) ad urbem condendam
b) in patria defendenda
c) templis aedificandis
d) in amicis conspiciendis
e) ad eas res constituendas

5 nd-Formen im Satz *nd-Formen unterscheiden*

Unterstreiche im folgenden Text alle nd-Konstruktionen. Gib an, ob es sich um eine Gerundium- oder Gerundivkonstruktion handelt und übersetze.

	Gerundium	Gerundivum
a) Libri philosophorum legendi sunt.		
b) Certe enim scio: In libris philosophorum legendis doceor,		
c) sed cum consilium capio libros legendi,		
d) tempus mihi non est ad legendum.		

6 Petrarca *Text übersetzen*

Petrarca (1304 – 1374) war ein italienischer Dichter und Geschichtsschreiber. Während seiner zahlreichen Reisen schrieb er Briefe an seine Familie und seine Freunde. So berichtet er von einem Aufenthalt in Köln:

Postea mihi iidem duces, quibuscum iam antea conveneram, urbem ostenderunt. Id mihi iucundissimum erat, non tam propter id, quod mihi ante oculos erat, quam memoria patrum nostrorum, cum tam procul a patria tanta monumenta Romanae virtutis reliquissent, quanta ibi spectare poteram.
Vidi in urbe templum pulcherrimum, quod optimo iure altissimum vocatur. Id non minus mihi placuit quam magorum regum[1] corpora, quae ibi servantur.
In Colonia[2] plurima spectando nunc tuo imperio, pater, parere possum. Inter multa, quae abeuntem iusseras, nihil melius memoria tenebam quam hoc, ut de regionibus, quas viserem, tibi epistulas scripturus essem. Promisi me facturum. Itaque tibi multas epistulas mittere cupio.

[1]magī rēgēs *m Pl.* die Heiligen Drei Könige [2]Colōnia Köln

TESTE DICH SELBST: Finale

Du hast jetzt viele wichtige Phänomene der lateinischen Grammatik, des römischen Lebens und der römischen Geschichte kennengelernt. Nun kannst du dein Wissen in einem großen Abschlusstest unter Beweis stellen, indem du anhand der folgenden Aufgaben den **Turm der Grammatik** errichtest. Je mehr du weißt, umso mehr Lieferungen an Ziegeln erhältst du für den Bau und umso höher und schöner wird dein Turm werden!

1 Substantive und mehr ...

a) **In der Schule** → 8 Ziegellieferungen

Der Germane Carolus muss lateinische Substantive ins Deutsche übersetzen. Kontrolliere, ob er alles richtig gemacht hat, und korrigiere gegebenenfalls.

	Übersetzung	richtig	falsch	Korrektur
1. voci	die Stimmen			
2. itinera	die Reisen			
3. fidei	durch die Treue			
4. magistratui	des Beamten			
5. aqua	mit dem Wasser			

b) **Auch der Schüler Hidalgus brütet über seinen Hausaufgaben.** → 10 Ziegellieferungen

Hilf ihm, indem du die richtigen Endungen einsetzt und dann übersetzt.

1. regem superb________ →
2. diei pulchr________ →
3. urbis magn________ →
4. piratas crudel________ →
5. milite fort________ →

c) **Auch Hanno braucht unbedingt deine Unterstützung.** → 10 Ziegellieferungen

Denn nicht nur die folgende Tabelle hat Lücken. Ergänze die fehlenden Formen.

Grundstufe	Komparativ	Superlativ
multi amici		
	consilio meliori	
	re faciliore	
		templi maximi
naves celeres		

2 Verben und mehr ...

Stell deine Rechenkünste unter Beweis → 8 Ziegellieferungen

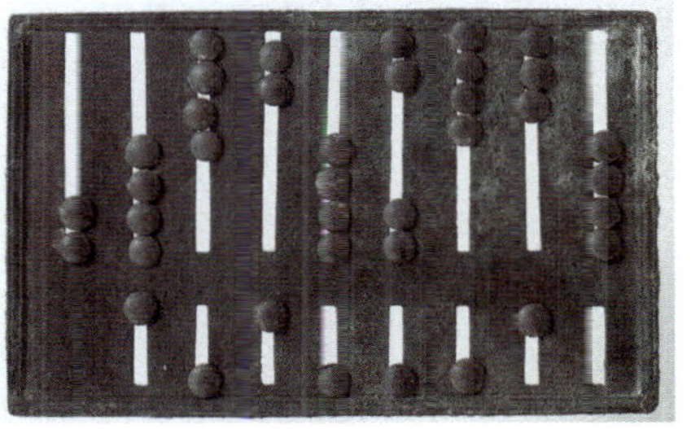

Auf dem Bild siehst du die Rekonstruktion eines römischen Abacus, eines antiken Taschenrechners. Bereits seit mehr als 3000 Jahren verwenden die Menschen diese „Maschine“ aus Holz- und Glaskugeln, die wahrscheinlich in Indien oder China erfunden wurde.
Bilde nun die folgenden Verbformen. Übersetze die Verbformen im Indikativ ins Deutsche.

1	laudare	10	Aktiv
2	videre	11	Passiv
3	mittere	12	Indikativ
4	audire	13	Konjunktiv
5	Präsens	14	1. Person
6	Imperfekt	15	2. Person
7	Futur	16	3. Person
8	Perfekt	17	Singular
9	Plusqpf.	18	Plural

4 – 5 – 10 – 12 – 15 – 18	
3 – 7 – 11 – 12 – 16 – 17	
4 – 6 – 10 – 13 – 15 – 17	
1 – 8 – 10 – 12 – 14 – 18	
2 – 9 – 11 – 12 – 15 – 18	
3 – 6 – 11 – 13 – 16 – 17	
4 – 5 – 10 – 12 – 14 – 17	
2 – 7 – 11 – 12 – 15 – 18	
1 – 9 – 11 – 13 – 16 – 17	
2 – 8 – 10 – 12 – 14 – 18	
3 – 6 – 11 – 12 – 14 – 17	
4 – 5 – 10 – 13 – 15 – 18	

3 AcI und mehr ...

Bilde folgende Sätze aus dem Materialfundus. → 12 Ziegellieferungen (2 pro Satz)

Romanus	vincere	scire	hostis	is, ea, id	se

1. Die Feinde wissen, dass die Römer siegen.

2. Die Feinde wussten, dass die Römer siegen.

3. Die Römer wissen, dass sie die Feinde besiegt haben.

4. Die Feinde wissen, dass sie sie nicht besiegt haben.

5. Die Feinde wissen, dass sie besiegt wurden.

6. Die Römer wissen, dass sie (selbst) siegen.

4 PC und Ablativus absolutus und mehr ...

a) **Rund ums Partizip. Vervollständige alle Kästchen.** → 6 Ziegellieferungen

PPP	PPA	modal	konzessiv
	gleichzeitig	indem	

	Grund	modal	
konzessiv			Zeit

b) **Entscheide, ob eine PC-Konstruktion oder ein Ablativus absolutus vorliegt.** → 5 Ziegellieferungen

	PC	Abl. abs.
1. Marcus multas horas de itinere cum parentibus facto narrat.		
2. Itinere per nonnullas regiones facto magno cum gaudio in patriam redii.		
3. Patre invito Caesia aedes reliquit.		
4. Piratis ab imperatore victis Caesia et pater a Lucio liberati sunt.		
5. Quintus et Marcus amicos Graecos visuri nave in Graeciam iter fecerunt.		

5 Konjunktiv in Haupt- und Gliedsatz und mehr ...

a) **Maria amicis de grammatica narrat** → 6 Ziegellieferungen

Maria muss in der Schule einen Vortrag über den Konjunktiv halten. Hoffentlich kennst du dich besser aus als sie und kannst ihre sechs Fehler korrigieren.

- Steht der Konjunktiv in einem Hauptsatz, muss man den Verwendungszweck bei der Übersetzung unbedingt zum Ausdruck bringen. Bei Konjunktiven im Gliedsatz, z. B. nach *ut* und *postquam*, ist das oft nicht nötig.
- Der Konjunktiv charakterisiert Handlungen und Ereignisse als vorstellbar, gefordert, erwünscht, vergangen, möglich oder nicht wirklich.
- Der Konjunktiv der 3. Person Plural stellt beispielsweise eine Aufforderung dar, die der Sprecher an sich und andere richtet, z. B. *„Gaudeamus!“*
- In einer Frage dient der Konjunktiv zum Ausdruck der Überlegung oder Unentschlossenheit, z. B. *„Te amem?“* („Liebst du mich?“)
- Bei den Wunschsätzen (Jussiv) wird mit Präsens und Perfekt ein erfüllbarer, mit Imperfekt und Plusquamperfekt ein unerfüllbarer Wunsch ausgedrückt: *„Utinam hoc didicissem!“* („Wenn ich das doch lernen würde!“)

b) **Titus amicis de itinere malo narrat** → 7 Ziegellieferungen
Lies den Text und ordne den Konjunktiven den passenden Fachbegriff zu.

Magnum iter per mare faciebamus, cum pater clamavit: „Eamus ___, sed pecuniam reperire non possum!“ Tum mater perterrita iterum atque iterum clamabat: „Quid faciamus? Redeamus an maneamus ___?“ Nemo hoc putet ___. Tandem patri magna voce imperavit: „Celeriter pecuniam afferas ___! Ne tarde (langsam) ieris ___! Utinam ne diu absis ___! Tandem pecuniam affer!“

1	Optativ der Gegenwart (erfüllbar)	5	Irrealis der Vergangenheit
2	Optativ der Vergangenheit (erfüllbar)	6	Jussiv
3	Hortativ	7	Deliberativ
4	Potentialis	8	Prohibitiv

6 nd-Formen und ENDE!

a) **Beim Hercules!** → 8 Ziegellieferungen
Die Gläubigen sind verunsichert, weil inzwischen viel zu viele Götter das Imperium Romanum bevölkern. Verbinde die Sätze sinnvoll.

1. Bacchus[1]
2. Ceres[2]
3. Martem
4. Minervae sapientia[3]
5. Venus
6. Iuppiter
7. Neptuni auxilio
8. Apollo

a) nobis neglegenda non est.
b) fortiter pugnando colis.
c) libros de arte amandi legit.
d) cantando colitur.
e) nunc vinum bibendum esse dicit.
f) ad imperandum paratus est.
g) vectoribus[4] magnae undae timendae non sunt.
h) vita in agris agenda gaudet.

[1]Bacchus *m* Bacchus (Gott des Weines) [2]Cerēs Ceres (Göttin des Ackerbaus und der Fruchtbarkeit) [3]sapientia Weisheit [4]vector, -ōris *m* Reisender

b) **Gerundium, prädikatives oder attributives Gerundivum** → 3 Ziegellieferungen
Wie oft wurden diese grammatischen Phänomene in b) verwendet?

Gerundium: ___ prädikatives Gerundivum: ___ attributives Gerundivum: ___

c) **(K)ein Problem?** → 6 Ziegellieferungen
Ordne jeweils die richtige Übersetzung zu.

1. Leges ei sunt servandae.
2. Leges ab eo servatae sunt.
3. Leges ab eo non neglectae sunt.
4. Leges ei neglegendae non sunt.
5. Leges ab eo servantur.
6. Leges servant.

a) Die Gesetze wurden von ihm nicht missachtet.
b) Die Gesetze dürfen von ihm nicht missachtet werden.
c) Die Gesetze müssen von ihm eingehalten werden.
d) Sie halten die Gesetze ein.
e) Die Gesetze wurden von ihm eingehalten.
f) Die Gesetze werden von ihm eingehalten.

Anzahl der für den Turm gesammelten Ziegellieferungen:			
91 – 80	79 – 65	64 – 46	45 – 0
Turris altissima Dein Turm erhebt sich groß und schön geschmückt über alle anderen Gebäude.	**Turris altior** Um richtig in die Ferne sehen zu können, fehlt deinem Turm leider noch ein Stockwerk.	**Armamentarium** Baustelle! Hier fehlen noch einige Ziegel, bis der Aussichtsturm sicher bestiegen werden kann.	**Ruinae** Nur ein Schutthaufen an Ziegeln und noch lange kein Turm.
Du bist fit in der lateinischen Sprache!	**Hier sollte noch gearbeitet werden!**	**Sieh nach, in welchen Bereichen deine Schwächen liegen, und arbeite nach!**	**Du solltest eine große Wiederholungsaktion starten!**

	Das weiß ich und das kann ich	Da fühle ich mich noch nicht sicher	Das muss ich noch üben
Deklinationen			
Konjugationen			
AcI			
PC			
Abl abs.			
Konjunktiv im Hauptsatz			
Konjunktiv im Gliedsatz			
nd-Formen			
Realia			

Bildnachweis

3c: dpa Picture-Alliance / Bernd Lauter / Coverspot | **3d**: Antje Sucharski, Dresden | **6**: Landesmuseum Kärnten, Klagenfurt | **11**: akg-images / Peter Connolly | **18**: Preußischer Kulturbesitz / The Trustees of the British Museum London | **24**: akg-images / Bildarchiv Steffens | **37**: Preußischer Kulturbesitz / Photo Scala Florenz | **40a**: Preußischer Kulturbesitz / Staatliche Museen zu Berlin, Klaus Göken | **40b**: akg-images / Andrea Jemolo | **41a**: akg-images / Erich Lessing | **41b**: Photo Scala | **41c**: Preußischer Kulturbesitz / Photo Scala, courtesy of the Ministero Benie Att. Culturali | **43**: akg-images | **45**: Preußischer Kulturbesitz / Staatliche Kunstsammlungen Dresden, Jürgen Karpinski | **47**: Preußischer Kulturbesitz / The Trustees of the British Museum London | **48**: akg-images / Erich Lessing | **49**: Luciano Pedicini, Archivio dell' Arte Neapel | **52**: akg-images / De Agostini Picture Library | **55**: akg-images / Werner Forman | **56**: dpa Picture-Alliance / Robert Harding World Imagery, John Ross | **57a**: akg-images / Peter Connolly | **57b**: akg-images / Erich Lessing | **59**: Frans Hals Museum, Haarlem | **60**: Musée National du Louvre Paris | **63**: akg-images / Erich Lessing | **65**: Bridgeman Images / Walter Art Museum | **66**: akg-images / De Agostini Picture Library | **67a**: Dorothee Falke, München | **67b**: dpa Picture-Alliance / Martin Schutt | **67c**: dpa Picture-Alliance / Rainer Jensen | **67d**: dpa Picture-Alliance / Report, Maurizio Gambarini | **68**: Villa La Organge Genf | **70**: akg-images / Bildarchiv Steffens | **72**: akg-images / Gilles Mermet | **74**: Sammlung Götz Grabert | **77**: dpa Picture-Alliance / Heritage Images, Werner Formann | **78a**: Römisch-Germanisches Museum Köln | **78b**: dpa Picture-Alliance / Artcolor, Klaus W. Büth | **78c**: Rheinisches Landesmuseum Bonn | **79**: Nicolas von Kospoth | **81**: dpa Picture-Alliance / akg-images, Erich Lessing | **83**: Photo Scala / Museo Nazionale delle Terme, Florenz.